ÉLÉMENTS
DE
DESSIN LINÉAIRE

A l'usage des Écoles normales et primaires

Par M. Brossard

PROFESSEUR A L'ÉCOLE NORMALE DE L'ISÈRE.

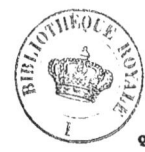

QUATRIÈME ÉDITION REVUE ET AUGMENTÉE.

GRENOBLE
PRUDHOMME ET BLANCHET, ÉDITEURS
RUE LAFAYETTE, 14.

1844.
1846

PROPRIÉTÉ DE L'ÉDITEUR.

Prudhomme

Grenoble, imp. de Prudhomme.

ÉLÉMENTS DE DESSIN LINÉAIRE.

INTRODUCTION.

Avant de mettre sous presse la *troisième* édition de nos *Eléments de dessin linéaire*, nous avons senti l'insuffisance du texte qui précédait les planches. Les observations et les règles qu'il renferme nous ont paru trop générales, et nous avons reconnu qu'il serait utile d'ajouter à ce texte un petit *Traité pratique de dessin linéaire*.

Ce travail forme la deuxième partie de nos éléments. Nous avons suivi pour les développements le programme des questions pour l'examen des aspirants au brevet de capacité pour l'enseignement primaire, programme conforme au règlement du 19 juillet 1833 et au statut du 25 avril 1834. Nous avons essayé ainsi d'atteindre un double but : celui de servir aux études des aspirants eux-mêmes, et celui de mettre entre les mains des instituteurs un travail qui leur facilitera cette partie de l'enseignement, en la leur présentant dans un ordre avec lequel ils sont déjà familiarisés. En ce qui concerne les élèves, cet ordre est le meilleur et le plus logique qu'on puisse adopter pour leur instruction. Notre petit *Traité* aura en outre un grand avantage pour ceux des élèves qui se destineraient à l'utile profession d'instituteur : ce sera de les mettre dès à présent en état de subir leur examen sur le dessin linéaire.

PREMIÈRE PARTIE.

DU DESSIN LINÉAIRE EN GÉNÉRAL.

Nous n'avons en vue ici que la partie du dessin linéaire qui est propre aux écoles primaires, et que le penchant, si naturel aux enfants, de tracer des figures semble nécessiter. L'enfant soumet à son trait absolument tout, sans distinction, sans avoir le moins du monde envie de se servir de règle et de compas. La Motte dit : « Vouloir que les enfants tracent immédiatement leurs figures avec le compas et la règle, c'est leur interdire la facilité, c'est circonscrire leur intelligence dans un cercle étroit, comme on le fait, sous d'autres rapports, dans les ouvrages écrits par demandes et réponses. »

Le dessin linéaire, comme on l'envisage ici, sera une récréation pour les élèves ; il leur sera en même temps de la plus grande utilité sous plusieurs rapports. Premièrement, on développera par là le sens de la vue ; on enseignera aux enfants à bien voir ce qu'ils voient. « Quoique tous les enfants voient les mêmes choses, dit M. de Gérando, ils ne les regardent pas tous de même, et de là l'immense différence qui s'établit entre eux. » Cette branche d'instruction contraint l'enfant à observer la situation, la forme de chaque objet, à mesurer les distances, à apprécier les proportions, puisqu'il veut imiter la figure des objets sur le papier ou sur l'ardoise. En second lieu, il leur rendra de grands services, quelque profession qu'ils embrassent, et dans quelque position sociale qu'ils se trouvent placés plus tard. En troisième lieu, on développera par cet art le goût et le sentiment du beau. Sans vouloir continuer ici l'énumération des avantages du dessin linéaire, j'ajoute seulement que c'est une écriture universelle, à la portée de tout le monde, même des enfants qui ne savent pas écrire.

MÉTHODE.

Ce traité de dessin linéaire a été composé dans le but de conduire l'élève à l'imitation de la nature ; c'est pour cela que l'on a choisi des objets que l'on peut mettre sous les yeux des enfants (1). Par conséquent, pendant que l'élève copiera le modèle, il faudra qu'il ait, toutes les fois que cela sera possible, l'objet devant lui. A peine les enfants auront-ils acquis quelque habileté à copier, et auront-ils examiné les corps représentés par les modèles, que le maître devra commencer à leur faire faire quelques essais sur des sujets qui diffèrent un peu de ceux dont ils ont des modèles ; je crois pouvoir assurer que leurs essais réussiront. C'est alors que les enfants verront que, pour rendre l'objet sur le papier, il faut l'avoir observé sous le double rapport de sa forme et de ses dimensions. Les pages suivantes donneront quelques directions pour les exercices qui sont à faire sous ce point de vue.

Je dois encore faire observer que les traits faibles et ceux qui sont forts doivent diriger les enfants à observer les côtés éclairés et ceux qui sont dans l'ombre.

(1) Dans le commencement, on ne devra pas donner aux enfants des modèles entiers à copier; il faudra les exercer à tracer des lignes, comme il sera expliqué tout à l'heure. Nous n'avons pas besoin d'ajouter qu'il faut éviter de rebuter les enfants en les tenant trop longtemps appliqués exclusivement à ces exercices préliminaires, bien qu'il soit de la plus haute importance qu'ils apprennent à tracer, sans le secours d'aucun instrument, des lignes très-droites et surtout des horizontales et des verticales : on profite des premiers succès pour en encourager d'autres, en faisant naître sous leurs mains, et presque sans qu'ils s'en doutent, un petit dessin complet. Par exemple, qu'un enfant ait à peu près bien tracé une horizontale et deux verticales, en lui en faisant tracer deux autres dans l'intérieur des premières, et jeter par-dessus deux obliques, il est tout étonné d'avoir dessiné la guérite de notre planche 9.

LES FORMES.

Si je ne me trompe, on a déjà vu que les leçons de dessin linéaire se commencent par l'observation ou par l'étude des objets mêmes. L'ensemble, la masse, fixent d'abord nos regards ; et ce sera aussi l'affaire du dessinateur d'indiquer ou de disposer d'abord les masses. Il sera facile aux élèves de découvrir que les limites des corps sont des surfaces, et qu'en second lieu nous dirigeons notre attention sur les surfaces mêmes et leurs limites, savoir, les lignes. Conformément à ce principe, qu'il ne faut jamais perdre de vue la place que la partie occupe dans le tout, on étudiera, soit les lignes, soit les surfaces, sur des corps que l'on présentera aux enfants. Mais, puisqu'il s'agit d'imiter, à l'aide *du trait*, les corps et leurs parties, il me semble qu'il faut bientôt arriver à l'étude particulière *des lignes*.

LES LIGNES.

§ 1. Ici les enfants doivent indiquer des objets dans lesquels ils trouvent des lignes ; ils tracent d'abord leurs directions avec la main, et en l'air, ensuite sur l'ardoise ou sur le papier. Il faut avoir grand soin de les habituer dès le principe à commencer leurs lignes dans tous les sens possibles ; cela donne à la main une dextérité et une adresse qu'elle ne peut pas acquérir différemment. Remarquons que l'élève doit toujours tenir son ardoise droit devant lui. *Toutes les lignes* sont admises dès que l'enfant les a faites passablement, et qu'il sait indiquer l'objet où elles se trouvent.

§ 2. On dirige les enfants à faire, des diverses lignes que le premier exercice a fait éclore, deux classes : les lignes droites et les lignes courbes. Cette séparation établie, on analysera un certain nombre d'objets et de planches. J'entends par là que l'enfant montrera les différentes lignes d'une figure, en indiquant toujours si elles sont droites ou courbes. Remarquez que l'élève trace ces lignes qu'il vient de voir, mais on lui permettra aussi de tracer celles qu'il a vues à des objets qui sont hors de l'école. Cet exercice se fera pendant toute la durée du cours, non-seulement sur les lignes, mais sur les surfaces, les corps géométriques, et tous les autres objets. (Dessin de mémoire (1).)

§ 3. On apprend aux enfants à distinguer les différentes espèces de lignes droites. On leur montre deux verticales dans les jambages d'une porte ou d'une fenêtre ; deux horizontales, l'appui et le linteau d'une fenêtre ; deux obliques qui vont dans le même sens, une poutre appuyée contre un mur. Les objets que le maître voit sous ses yeux lui fourniront la matière d'un grand nombre d'explications sur la combinaison de deux lignes droites. Au moyen des exemples que nous venons de donner, on fera connaître aux enfants ce que c'est que deux lignes parallèles.

§ 4. Après avoir ainsi familiarisé les élèves avec les diverses espèces de lignes droites, en les leur montrant dans les objets qui sont sous leurs yeux, et en leur faisant tracer à mesure ces lignes sur leurs ardoises, il faut passer, dans une autre leçon, aux définitions scientifiques.

Ainsi, en leur faisant tracer des lignes horizontales, on leur explique que cette ligne répond au niveau de l'eau tranquille. Le maître vérifiera ces lignes au moyen de la règle et du niveau.

On fait ensuite tracer des verticales, lignes qui donnent la direction suivant laquelle les corps tombent lorsqu'ils sont abandonnés à eux-mêmes. On vérifie ces lignes au moyen du fil à plomb.

C'est ici le lieu de donner aux élèves quelques notions sur les angles, de leur apprendre à distinguer entre les angles aigus, obtus et droits. Cette dernière espèce d'angle montre ce que c'est qu'une perpendiculaire, c'est-à-dire la ligne droite qui, tombant sur une autre droite, ne penche ni d'un côté ni de l'autre. On fait remarquer aux élèves que la verticale est toujours perpendiculaire à l'horizontale ; que ces deux lignes ont partout une position fixe qui leur est donnée par la nature. On leur explique qu'il ne faut pas confondre la verticale avec la perpendiculaire ; que cette dernière peut prendre toutes sortes de positions relativement à l'horizontale ; que, pour qu'une ligne soit perpendiculaire, il suffit qu'elle fasse deux angles droits avec une autre ligne, quelle que soit la direction de celle-ci (1).

§ 5. Lorsque les enfants connaîtront bien les définitions de ces lignes et de ces angles, on devra les exercer fréquemment à en dessiner sur leurs ardoises ; le maître doit toujours avoir soin de vérifier devant eux avec la règle, le niveau, le fil à plomb, l'équerre et le rapporteur (2). Il fera connaître aux enfants l'usage de ce dernier instrument, après leur avoir expliqué que la mesure des angles est l'arc de cercle décrit de leur sommet comme centre, et compris entre leurs côtés. C'est dans cette leçon qu'il faut définir la circonférence du cercle, leur montrer ce que c'est qu'un arc, une corde, un diamètre, un rayon, une sécante, une tangente (voyez planche 6); leur enseigner la division de sa circonférence en 360 degrés, du degré en 60 minutes, de la minute en 60 secondes, et de la seconde en 60 tierces.

§ 6. Le tracé de la circonférence du cercle exigera de longs essais, avant que les élèves puissent parvenir à en dessiner de passables. Il faudra donc y revenir fréquemment, tout en

(1) Ce dessin de mémoire se transforme bientôt en dessin d'imagination.

(1) La planche 2 renferme les exemples de toutes les diverses espèces de lignes et d'angles.
(2) Voyez planche 5.

variant les exercices, pour ne pas inspirer du dégoût ou de l'ennui à l'élève qu'on retient trop longtemps sur une même espèce de ligne. Cette remarque est importante et ne doit jamais être perdue de vue par le professeur.

§ 7. Tels sont les divers exercices auxquels il conviendra d'appliquer les élèves pendant les premières leçons. C'est ainsi qu'on leur apprendra à combiner de toutes les manières les diverses sortes de lignes, et à en varier les positions. D'autres exercices se feront sur trois, quatre, cinq, six, etc., lignes droites ou courbes. Nous ferons remarquer que nos planches renferment assez de répétitions sur les éléments du dessin, et qu'il ne sera pas nécessaire d'exiger des élèves que leurs copies soient parfaitement bien faites : une copie passable peut suffire.

LES SURFACES.

§ 8. Les surfaces sont pour les enfants le dessus des corps. On les étudiera comme nous avons fait pour les lignes : on examinera d'abord les surfaces d'une figure quelconque; puis les surfaces rectilignes, curvilignes et mixtilignes; ensuite les figures rectilignes sont divisées en triangles, quadrilatères, etc.; puis deux surfaces, par rapport à leurs différentes positions ; enfin un plus grand nombre de surfaces.

On trouvera dans les planches 3 et 8 les figures géométriques des surfaces, depuis le triangle, qui est la plus simple de toutes, jusqu'aux polygones réguliers et irréguliers et aux divers ovales. Les lignes ponctuées suffiront pour montrer comment il faut s'y prendre pour tracer ces ovales géométriquement ; elles serviront aussi à en diriger le tracé à la main. Quant aux ellipses, il faudra faire remarquer aux élèves les deux points qu'on appelle foyer, les deux axes, et leur donner la définition de cette courbe, dont tous les points sont à une distance des deux foyers égale à la longueur du grand axe.

Il faudra tenir à ce que les enfants sachent bien distinguer et bien dessiner les diverses sortes de triangles; c'est-à-dire les triangles rectangles, obtusangles, acutangles ; les triangles isocèles, équilatéraux et scalènes ; s'arrêter également sur les quadrilatères de formes différentes, les carrés, les losanges, les rectangles, les parallélogrammes et les trapèzes.

LES CORPS.

§ 9. Les exercices sur les corps doivent se faire de la même manière. Nous croyons en avoir assez dit pour les maîtres qui ont bien voulu nous suivre jusqu'ici ; mais, tout en nous dispensant de nous étendre sur ce sujet, nous croyons cependant devoir faire observer que nous commençons par montrer les corps dits géométriques; que nous les faisons d'abord décrire par les enfants ; que nous invitons les élèves à les comparer les uns aux autres, et que, de cette manière, nous les menons jusqu'à la définition.

Jusqu'ici nous avons considéré les formes de tout ce qui tombe sous nos yeux, et si nous engageons à familiariser les élèves avec les figures dont s'occupe spécialement la géométrie, c'est que nous considérons le dessin linéaire élémentaire comme une bonne introduction à la géométrie.

Les exercices de ce premier chapitre sont ici rassemblés pour diriger les maîtres à ce sujet, mais on ne doit pas conclure de là qu'il faut faire parcourir tous les exercices avant de traiter telle ou telle partie du chapitre suivant, sur laquelle un enfant aurait demandé quelques explications. Nous recommandons, au contraire, beaucoup aux professeurs de ne laisser échapper aucune occasion de donner des développements sur les sujets qui peuvent exciter la curiosité de leurs élèves.

LES MESURES.

Cette partie sert tout particulièrement à exercer le coup d'œil des élèves, et devient par là même de la plus haute importance. Dans chaque objet qui nous tombe sous les yeux, nous remarquons d'abord sa forme, et ensuite nous nous appliquons à en reconnaître les dimensions.

§ 10. *Évaluez la grandeur* d'une *ligne* en décimètres. Le professeur mettra quelque part dans la chambre un mètre en vue, et chaque fois qu'une ligne aura été évaluée par les élèves, il vérifiera sous leurs yeux.

§ 11. Divisez une *ligne* en 2, 4, 8, 16 ; en 3, 9, 27 ; en 2, 6, 18 ; en 3, 6, 12, 24 ; en 5, en 7, etc., parties. Le maître aura un compas pour vérifier. Cet exercice doit être fait en commun sur la planche noire, et par chaque écolier en particulier sur son papier ou son ardoise. C'est toujours au maître à vérifier avec le compas.

§ 12. Comparez une ligne à une autre que l'on choisit pour unité.

§ 13. Faites les mêmes exercices pour les *surfaces* : évaluez en décimètres carrés, divisez des carrés, des rectangles, etc., et comparez les surfaces entre elles.

§ 14. Faites ces mêmes exercices sur les *corps* ; évaluez en décimètres cubes ; divisez les corps ; comparez-les entre eux (1).

CORRECTION DES DESSINS.

Qu'il me soit permis de supposer, pour un moment, que le maître ne sache pas dessiner du tout, ou fort peu, et qu'il

(1) La partie des mesures est fort utile pour les explications que le maître est appelé à donner dans l'arithmétique ; il peut faire voir les quatre règles et toute la théorie des fractions, d'une manière fort simple et très-claire pour les enfants.

doive, malgré cela, corriger les dessins de ses élèves. Il sera surtout nécessaire de savoir découvrir les fautes. Avant toute chose, je conseillerai au maître de ne pas se fier au coup d'œil, et de ne pas critiquer sans être convaincu que la chose est vraiment fausse. Dans ce but, le maître peut toujours avoir un compas à la main et vérifier la copie. Il peut encore prendre une de ces règles dites carrées, et compter combien de fois une face de ce carré entre dans le modèle, soit dans sa longueur, soit dans sa largeur, et comparer avec ce résultat celui que l'on obtient en faisant, avec la même règle, la même opération sur le travail de l'élève. Dans les écoles nombreuses, il sera, à mon avis, bon de couvrir un exemplaire des planches de traits horizontaux et verticaux, faits avec une règle que l'on gardera, et avec laquelle le maître vérifiera les travaux des élèves (Voy. Pl. 50, que j'ai couverte de ces traits pour en donner un échantillon). Ces modèles ainsi rayés pourraient bien servir à être copiés par ceux des élèves qui ont de grandes difficultés à vaincre pour faire quelques pas dans le dessin linéaire. J'ai vu employer du papier rayé et même des ardoises arrangées de la même manière dont se sont servis les élèves pour faire des copies de dessins.

On peut encore se faire un cadre vide, en bois, de la grandeur des planches ; les bords seront percés de trous équidistants, où on fera passer des soies rouges, qui, lorsqu'elles seront tendues, diviseront l'espace à jour en cases rectangulaires. En appliquant cet appareil sur le modèle, ces soies y marqueront les traits régulateurs dont nous avons parlé, ce qui dispensera de les décrire sur les dessins mêmes. Ce cadre pourra servir, d'un côté, pour les élèves ; de l'autre côté, pour faire les corrections. Nous croyons pouvoir assurer que l'œil acquiert bien vite, par ce moyen, ce degré de précision qui est nécessaire au dessin.

Après avoir placé sur une figure un réseau dont chaque carré aura pour base (racine) une ligne de cette grandeur A━━B, on fera un réseau de carrés dont la grandeur ne sera que la moitié de la ligne AB. La figure occupera maintenant dans la copie le même nombre de petits carrés qu'elle en contient de grands sur le modèle. Voilà de quelle manière on peut réduire une figure, ou l'agrandir, selon que l'on choisit une unité plus petite ou plus grande pour le carré.

Si 1 devient $1/2$, la surface se réduit à $1/4$ de celle de la première.

Si 1 devient	$1/3$, réduction à	$1/9$
1	$1/4$,	$1/{16}$
1	$1/5$,	$1/{25}$
1	$2/3$,	$4/9$
1	$3/4$,	$9/{16}$
1	2, la surface devient 4 fois plus grande.	
1	3,	9
1	4,	16
1	5,	25
1	$1\ 1/2$,	$\dfrac{9}{4}$
1	$1\ 1/3$,	$\dfrac{16}{9}$

On peut représenter un mètre par une ligne, pour faire le plan d'une maison. Ce procédé est à appliquer pour le dessin des cartes géographiques. Je dois ajouter encore que le réseau que l'élève peut tracer, si le maître permet d'en faire un, doit se faire à main levée, et au coup d'œil. Il faut encore répéter ici qu'il est nécessaire, avant toute chose, d'indiquer l'ensemble, et de placer ensuite les détails.

DEUXIÈME PARTIE.

DU DESSIN LINÉAIRE DANS SES RAPPORTS AVEC L'INSTRUCTION PRIMAIRE (1).

1. *Qu'est-ce que le dessin linéaire ?*

Le dessin linéaire, dans un sens étendu, est l'art d'imiter les contours des corps et leurs parties, à l'aide de simples traits.

Dans un sens plus restreint, il a pour but de représenter au trait les productions de l'industrie et des arts. Tel est son principal objet dans l'enseignement primaire.

2. *Son origine est-elle récente ?*

Elle date de la naissance même des arts industriels. Le chef d'atelier fait du dessin linéaire lorsqu'il explique à ses ouvriers ses idées, lorsqu'il dessine la chose qu'il veut qu'ils exécutent; pour cela, il en trace l'ébauche sur une planche ou sur un mur, au moyen de la craie, de la pierre noire ou de la sanguine. Tantôt c'est à main levée, tantôt c'est avec le secours du compas et de la règle qu'il traduit sa pensée ou ses ordres par un dessin au trait. Les ouvriers ont souvent besoin, pour mettre de l'ensemble dans leur travail ou pour s'en expliquer les diverses parties, de tracer de semblables ébauches. On voit que ce besoin dut se faire sentir dès les premiers pas que l'homme fit dans la carrière des arts industriels. Mais ce n'est que depuis peu d'années que le dessin linéaire, assujetti à une méthode, à des règles, est devenu l'objet d'un enseignement spécial.

3. *Le dessin linéaire n'est-il qu'un tracé géométrique au compas ?*

Dans le *tracé géométrique*, où la main est conduite par des instruments, il n'y a pas de *dessin*. D'un autre côté, se priver

---

(1) Cette deuxième partie est traitée par demandes et par réponses, afin de résoudre toutes les questions sur lesquelles sont examinés les élèves qui veulent prendre leur brevet de capacité.

du secours de la règle et du compas, et des notions de géométrie qui en dirigent l'emploi, c'est tomber dans le *dessin académique*, qui sacrifie la justesse à l'élégance.

Le dessin linéaire est la combinaison de l'un et de l'autre.

4. *Que se propose-t-on dans le dessin linéaire ?*

De mettre les élèves en état de tracer des dessins réguliers, particulièrement en ce qui regarde les besoins de l'industrie, afin que, quel que soit le métier qu'ils embrasseront, ils puissent se rendre compte, par une *épure*, de la forme et des dimensions des objets qu'ils devront confectionner.

Le dessin linéaire est d'une utilité générale, on en a besoin dans toutes les positions de la vie; car, si l'on n'est ni artiste ni artisan, on n'en a pas moins mille occasions d'y avoir recours pour bien faire saisir sa pensée dans une foule de circonstances. Il est aussi la meilleure introduction au dessin proprement dit, et devrait, dans toutes les institutions, précéder le dessin de la figure.

5. *Quel est le but du dessin linéaire sans instruments ? — Avec des instruments ?*

Le dessin linéaire à *main levée* donne de la justesse au coup d'œil, de la hardiesse aux doigts et de la grâce aux contours.

Le dessin *linéaire graphique*, c'est-à-dire exécuté à l'aide de la règle, du compas, de l'équerre, du rapporteur, etc., représente les objets avec cette exactitude rigoureuse qui est indispensable dans l'application.

6. *Par laquelle de ces deux espèces de dessin faut-il commencer ?*

C'est par le dessin à vue qu'il faut commencer. Mettre tout d'abord des instruments entre les mains des élèves, c'est leur interdire la facilité et circonscrire leur intelligence dans un cercle étroit.

Les premiers jours, ce travail offrira de la difficulté, mais bientôt la main des élèves s'y fera, ils acquerront assez promptement une adresse qui leur facilitera ensuite beaucoup le tracé avec les instruments.

7. *Développez l'application du dessin linéaire à l'enseignement mutuel.*

Le maître doit former d'abord des moniteurs qu'il choisit parmi les élèves les plus intelligents.

Dans des leçons particulières, soit avant, soit après la classe, il les exercera au dessin linéaire.

Le moniteur général est chargé de la conservation de tous les instruments de l'école; il doit en constater l'état avant de les remettre aux moniteurs particuliers, et les vérifier de nouveau lorsque la classe est achevée.

Les moniteurs particuliers corrigent les dessins tracés par les élèves des demi-cercles.

Les moniteurs suppléants sont chargés des tableaux-modèles collés sur des cartons ou de petites planches; ils les présentent successivement aux élèves, lorsqu'ils sont appelés au tableau noir.

On fera d'abord dessiner les groupes d'élèves sur le tableau noir, ensuite sur l'ardoise, et enfin sur des cahiers oblongs.

Chaque groupe d'élèves devra être pourvu :

1° D'un *mètre* divisé en décimètres et centimètres pour les grandes lignes;

2° D'un *demi-mètre* divisé en décimètres, centimètres et millimètres;

3° D'une *grande équerre* pour les exercices du tableau noir, et d'une *petite équerre* pour les dessins de l'ardoise ou des cahiers oblongs.

4° D'un *rapporteur* en cuivre ou demi-cercle gradué;

5° D'un *grand compas* de bois;

6° D'un *fil à plomb* pour la vérification des verticales;

7° D'un exemplaire des *Éléments de dessin linéaire*, qui restera toujours entre les mains du moniteur.

8. *Développez l'application du dessin linéaire à l'enseignement simultané.*

Dans l'enseignement simultané, le maître fait travailler lui-même les différentes classes; il sera donc muni des objets indiqués ci-dessus. Il corrige les dessins des élèves, en appelant tour à tour les classes à sa table.

Il les exercera aussi successivement au tableau noir, où le maître corrige les dessins, d'abord à la main, puis avec les instruments.

On dessine dans les bancs, sur des cahiers oblongs. Si c'est sans instruments, il suffit d'un crayon de mine de plomb et d'un morceau de gomme élastique.

Pour le dessin avec instruments, il faut: 1° un compas avec des pointes de rechange; 2° un rapporteur en cuivre ou en corne; 3° une équerre; 4° des crayons, de la gomme élastique et de l'encre de Chine.

Il faut avoir soin de renouveler l'encre toutes les fois que l'on s'en sert.

9. *Que doit faire le maître avant de tracer une figure?*

Avant le tracé d'une figure, on doit en donner à haute voix l'explication. Le maître ou le moniteur doit exécuter le dessin lui-même, et ensuite il le fait exécuter aux élèves.

10. *Que doit faire le maître quand une figure est dessinée?*

La vérifier avec le mètre, l'équerre et le compas, et faire exécuter par l'élève les corrections nécessaires.

11. *Qu'est-ce qu'une verticale?*

C'est une ligne droite tracée dans la direction du fil à plomb, c'est-à-dire dans celle que suivent dans leur chute les corps graves (pesants) abandonnés à eux-mêmes.

Elle se vérifie avec le fil à plomb, qui doit la cacher dans toute sa longueur.

12. *Qu'est-ce que le fil à plomb?*

C'est un fil à l'extrémité duquel est attachée, pour l'ordinaire, une petite masse de plomb.

13. *Qu'est-ce qu'une horizontale?*

C'est une droite qui fait avec la verticale un angle droit, et qui est parallèle au niveau des eaux tranquilles.

Elle se vérifie en appliquant contre l'horizontale un mètre sur lequel on place un niveau de maçon. La ligne est bien tracée lorsque le fil à plomb du niveau couvre parfaitement la ligne tracée sur un instrument, et que l'on nomme *ligne de foi*.

14. *A quel dessin passent les élèves quand ils ont terminé les éléments géométriques?*

A des figures formées par des lignes droites différemment combinées.

Par exemple, ils copient les figures que présentent nos planches 5, 9, 10, 11, 12, et d'autres figures qui se trouvent dans la série de nos planches.

15. *Qu'est-ce qu'un parquet? Que coûte le mètre carré d'un parquet?*

C'est un compartiment en bois qui s'applique sur des *lambourdes*; celles-ci sont de petites pièces de bois dont l'épaisseur varie de 3 jusqu'à 5 et 8 centimètres, et sur lesquelles on cloue le parquet.

Le parquet en bois de chêne, de 27 millimètres d'épaisseur, sur lambourdes en chêne de 3 centimètres, tout posé et tout cloué, coûte à Paris 16 fr. 45 c. le mètre carré.

La planche 10 renferme un parquet à point de Hongrie, qui coûte 12 fr. 75 c. le mètre carré.

Que coûte un carrelage de salle à manger, en carreaux de terre cuite?

Il coûte 3 fr. le mètre carré.

A cette occasion, nous ferons remarquer qu'il n'y a que trois sortes de polygones qui puissent se raccorder sans laisser de vide entre eux : le triangle, le carré et l'hexagone. On peut cependant employer l'octogone, les carreaux qui ont cette forme laissant entre eux des vides que l'on remplit avec des carrés dont le côté est égal à celui de l'octogone. (V., planche 12, deux figures qui représentent un carrelage ou un parquet hexagonal et octogonal.)

17. *De quelles parties se compose une cheminée ? Combien coûte un chambranle en marbre ?*

Une cheminée se compose : 1° de la tablette A ; 2° de la traverse B ; 3° du chapiteau C ; 4° des jambages ou côtés D ; 5° des socles ou plinthes E.

Un chambranle coûte, selon la richesse du marbre, de 18 fr. à...... (Voy. pl. 11.)

18. *Comment trace-t-on à vue un cercle ?*

Dans les commencements, on permettra aux élèves de s'aider d'une horizontale et d'une verticale se coupant au centre, et qui formeront quatre branches égales en quatre rayons ; on joindra les extrémités de ces rayons par quatre arcs de cercle.

Pour tracer la circonférence sans ce secours, l'élève marquera d'abord le centre par un point, puis, prenant pour rayon une distance à volonté au-dessous du centre et à gauche, il tracera la circonférence à main levée, en avançant vers la droite et en continuant ainsi jusqu'à ce qu'il ait fermé la courbe. L'attention de l'élève doit porter constamment sur la distance qu'il a prise pour rayon, s'efforçant à maintenir partout cette distance égale. Il efface ensuite les parties qui lui paraissent irrégulières et les trace avec la craie.

19. *Qu'est-ce qu'une ellipse vulgairement appelée ovale ?*

C'est une courbe qui a cette propriété, que la somme des deux distances MF+Mf (planche 8, fig. 5) de chacun de ses points à deux points fixes F+f, qu'on appelle *ses foyers*, est toujours égale à son grand axe AB.

Cette propriété fondamentale de l'ellipse donne un moyen fort simple de décrire cette courbe par un mouvement continu. Après avoir déterminé les deux foyers F, f, on y attache les deux extrémités d'un fil égal en longueur au grand axe AB, puis on tend ce fil par le moyen d'une pointe M que l'on fait marcher, en ayant toujours soin de tenir le fil tendu, jusqu'à ce que la courbe entière ait été tracée par cette pointe. Les lignes ponctuées Fmf indiquent diverses positions successives du fil et de la pointe.

Les points A et B, où le grand axe rencontre la courbe, se nomment les *sommets*. Les intervalles AF et fB, compris entre les foyers et les sommets, s'appellent les *distances focales*.

Pour tracer cette courbe à vue, il faut, au milieu du grand axe, élever perpendiculairement le *petit axe* CD, et dessiner la courbe en évitant les jarrets et les solutions de continuité, de manière que les quatre segments soient parfaitement égaux.

Plus le petit axe est court relativement au grand, plus l'ellipse s'allonge en s'aplatissant. Au contraire, plus le petit axe s'approche de la longueur du grand, plus la courbe se rapproche du cercle ; elle se transforme en cette dernière figure lorsque les deux axes sont égaux. On voit donc qu'il y a une infinité d'ellipses, et que cette courbe n'est autre chose qu'un cercle aplati dans un sens.

20. *Comment vérifie-t-on une ellipse ?*

On marque à la craie, sur un demi-mètre, à partir du même bout, la demi-longueur de chaque axe, c'est-à-dire les distances AO et CO. On applique ensuite obliquement cette règle sur la figure, de telle manière que la marque de craie la plus éloignée soit sur le petit axe, la moins éloignée étant sur le grand ;

l'extrémité du demi-mètre devra se trouver sur la courbe, quelle que soit la position qu'on lui ait fait prendre. La fig. 4, pl. 8, indique, par des lignes ponctuées, trois positions différentes de cet instrument.

21. *A quelle combinaison sont dus la plupart des dessins ?*
A celle de la ligne droite et du cercle.

22. *Qu'est-ce qu'une machine ?*
C'est un instrument imaginé par l'homme pour suppléer à la force qui lui manque, ou pour employer celle des animaux, et en général les forces de la nature. Presque dans tous les cas il s'agit d'augmenter l'action d'une force. Quelquefois une machine a pour objet d'en changer la direction ou de produire certains effets particuliers.

23. *A combien de machines simples peut-on rapporter les machines les plus composées ?*
Aux sept suivantes: les *cordes*, les *leviers*, la *poulie*, le *treuil*, le *plan incliné*, la *vis* et le *coin*.

24. *Qu'est-ce qu'un levier ?*
C'est une barre inflexible, mobile autour d'un point nommé *point d'appui*, et sollicitée par deux forces qu'on désigne sous les noms de *puissance* et de *résistance*.
La force du levier est d'autant plus considérable que la puissance est plus éloignée du point d'appui.

25. *Combien y a-t-il d'espèces de leviers ? Donnez-en des exemples.*
Il y a trois sortes de leviers.
Le levier du *premier genre*, dans lequel le point d'appui est placé entre la puissance et la résistance.
Par exemple, la presse avec laquelle le carrier soulève un bloc de pierre est un levier du premier genre. La résistance est le bloc de pierre, le point d'appui est celui sur lequel l'instrument porte sur le sol, et la puissance est la main de l'homme appliquée à l'autre extrémité du levier. (V. pl. 26.)
Une paire de ciseaux, des tenailles, une romaine, sont des leviers du même genre.
Le levier du *second genre* est celui où la résistance se trouve entre le point d'appui et la puissance.
Le couteau du boulanger, fixé par un bout sur une table, les rames des bateliers, sont des leviers du second genre. (V. pl. 26).
Le levier du *troisième genre* est celui où la puissance est placée entre le point d'appui et la résistance.
Les pincettes pour le feu, les étaux des serruriers, sont des leviers du troisième genre. (Voy. pl. 26.)

26. *La balance est-elle un levier ?*
C'est un levier du premier genre. Le *bassin*, où se placent les poids, représente la *puissance;* le *point d'appui* est au milieu du fléau, c'est le point de suspension de la balance; et le second *bassin* où sont placées les choses qu'on veut peser représente la *résistance*. (Voy. pl. 25.)

27. *Qu'entend-on par méthodes des doubles pesées ?*
Lorsqu'on n'est pas sûr de la justesse d'une balance, on place dans l'un des bassins l'objet qu'il s'agit de peser; dans l'autre on verse du sable jusqu'à ce que l'équilibre s'établisse; on remplace ensuite la chose soumise à la pesée par des poids-mesures qui indiquent exactement le poids cherché.

28. *Qu'est-ce qu'une romaine ou peson ?*
La romaine est une espèce particulière de balance à bras inégaux : au plus court on suspend la chose à peser ; sur le plus long ou plus court peut varier la distance au point de suspension. (Voy. pl. 26.)

29. *Qu'est-ce qu'une poulie ? Faites-en la description.*
La poulie est un cercle en bois ou en métal, dont l'épaisseur est creusée en gorge pour recevoir une corde ; il est traversé

par un *axe* ou *boulon* autour duquel la poulie peut tourner dans une chape. (V. pl. 24.)

30. *Qu'est-ce qu'une moufle ? Combien y a-t-il de systèmes de moufles ?*

La machine appelée *moufle* est un assemblage de poulies réunies dans deux chapes, dont l'une est fixe et l'autre mobile. Un même cordon s'enroule sur toutes les poulies.

Il y a deux systèmes de moufles. Dans le premier, les poulies, placées les unes sous les autres, vont en diminuant de diamètre à mesure qu'elles approchent du centre, pour éviter la rencontre des cordes et le frottement. (Voy. pl. 20.)

Dans le second, les poulies, toutes de même rayon, sont placées parallèlement les unes à côté des autres.

31. *Quel est l'effet produit par les moufles ?*

La force, appliquée par la puissance à l'extrémité de la corde, produira, sur la résistance ou le fardeau à soulever, un effort égal à la force de la puissance multipliée par le nombre de poulies. Telle est la théorie; mais, dans la pratique, le défaut de flexibilité des cordes et le frottement amoindrissent toujours ce résultat.

32. *Qu'est-ce qu'un treuil ?*

Le *treuil* est une machine composée d'un cylindre soutenu par deux points fixes. A ce cylindre est fixée une manivelle ou une roue armée de chevilles, d'un diamètre plus grand que celui du cylindre. Autour du cylindre s'enroule la corde qui doit soulever le fardeau.

L'effet de cette machine est d'autant plus grand que le diamètre de la roue ou de la manivelle surpasse davantage celui du cylindre. (Voy. pl. 28, un treuil placé sur un puits, et pl. 32, un autre treuil destiné à lever des fardeaux.)

33. *Qu'est-ce qu'un cabestan ?*

C'est le treuil dont le cylindre, au lieu d'être dans une position horizontale, est placé verticalement. (Voy. planche 21.)

34. *Qu'est-ce qu'un plan incliné ?*

C'est une surface inclinée à l'horizon, sur laquelle le seul effet de la pesanteur pousse les corps vers la partie inférieure. Cet effet se remarque tous les jours sur les descentes, qui sont des plans inclinés naturels. Si les conducteurs de voitures n'avaient soin d'enrayer les roues, la pesanteur accélérerait leur vitesse, au point de causer de graves accidents.

35. *Qu'est-ce qu'une vis ? Qu'est-ce qu'un écrou ? Qu'est-ce qu'un pas de vis ?*

La vis est un cylindre droit sur lequel on a creusé une gorge qui tourne en spirale, ou bien qui est enveloppé d'un filet saillant qui rampe uniformément autour de sa surface.

L'*écrou* est une pièce creusée de manière à recevoir la vis.

Le *pas de la vis* est la distance qu'il y a d'un filet à l'autre; plus ces pas sont petits, plus on peut produire d'effet. (Voy. pl. 22.)

36. *Qu'est-ce que la vis sans fin ?*

C'est un cylindre tournant toujours dans le même sens, sur deux pivots où sont fixées ses extrémités. Deux filets en saillie sur la surface du cylindre engrènent avec les dents d'une roue verticale, qui porte à son centre un rouleau avec une corde à laquelle est suspendu le fardeau qu'on veut élever. (V. pl. 21.)

37. *Qu'est-ce qu'un coin ?*

Le coin est un corps dur, évasé par le haut et se terminant par une *pointe* ou un *tranchant*; il sert à écarter des corps adhérents et à en diviser d'autres; par exemple, à fendre le bois. (Voy. pl. 21.)

38. *Qu'est-ce que l'ornement ?*

C'est un dessin qui, au premier coup d'œil, semble un produit du caprice et de l'imagination, et qui cependant a pour base des constructions géométriques.

39. *Qu'est-ce qu'une rosace ?*

La rosace est un ornement de forme circulaire, représentant une fleur de la famille des rosacées, mais dans laquelle l'imagination ne s'astreint pas à copier fidèlement la nature.

Cet ornement sert à la décoration des voûtes, des plafonds, des papiers peints, des marbres, des meubles, etc.

Il y en a d'une infinité de formes. Nous en donnons trois figures aux planches 13 et 14 ; ce sont celles qui se rapprochent le plus des constructions géométriques.

40. *Qu'entend-on par parties symétriques dans l'ornement ?*

Ce sont des parties égales mais placées dans des positions opposées, par exemple, deux palmes, les feuilles d'acanthe dans les chapiteaux de colonnes, etc.

41. *A quoi servent les vases ? Combien en distingue-t-on d'espèces principales ?*

Les vases servent à l'ornement des jardins ; on en place sur les marches d'un perron de maison de campagne, sur les triomphes de fontaine, sur les balustres des maisons couvertes en terrasse. Des vases de petite dimension ornent les cheminées et autres parties intérieures des appartements.

Il y en a de trois espèces principales : les vases grecs, étrusques et médicis. (Voy. pl. 44 et 45.)

42. *Qu'entendez-vous par moulures ?*

Les moulures sont des parties saillantes qui servent d'ornement à l'architecture ; il y a aussi des moulures plates et des moulures creuses. (Voy. pl. 42 et 43.)

43. *Que sont le filet, le listel, la plate-bande, etc. ?*

Le *filet* qu'on appelle aussi *réglet* ou *bandelette*, est une moulure carrée, étroite, et dont la saillie est égale à la hauteur.

Le *listel* est une moulure carrée qui se rattache immédiatement à une courbe.

La *plate-bande* est une moulure large, plate et très-peu saillante.

Le *quart de rond* est une moulure composée d'un quart de cercle, et dont la saillie égale la hauteur. Il peut être *plat* ou *renversé*.

La *baguette* est une moulure saillante, demi-circulaire ; sa saillie est égale à la moitié de la hauteur. — Le *tore* est une moulure plus large que la baguette. On l'emploie ordinairement à la base des colonnes dont il fait le tour.

Le *cavet* est un quart de rond creusé en dessous ; le rayon est égal à la hauteur de la moulure. Le cavet peut être renversé.

Le *talon droit* est une moulure composée d'un quart de rond et d'un cavet, et dont la saillie égale la hauteur.

Le *talon renversé* est dans une position inverse.

La *doucine* est une moulure composée des mêmes parties que le talon, mais disposée en sens contraire.

La *doucine renversée* est la moulure précédente renversée.

44. La *gorge* est une moulure creuse et demi-circulaire, dont la profondeur égale la moitié de la hauteur.

La *scotie* ou courbe à deux centres est une moulure creuse formée de deux cavets, dont les centres sont placés à volonté.

Dans la *scotie renversée*, le cavet le plus grand est en haut, et le plus petit au-dessous. (Voy., pour toutes ces moulures, pl. 42 et 43.)

45. *Le dessin linéaire s'applique-t-il à la construction des bâtiments ?*

On s'en sert pour dessiner les diverses parties d'un édifice, telles que les portes cochères, les grilles, les rampes d'escalier, les balustres, etc. Il sert aussi à représenter l'ensemble d'un bâtiment.

46. *Qu'est-ce qu'une élévation ?*

C'est le dessin qui représente la façade d'un bâtiment.

Qu'est-ce qu'un profil ?

Pour en montrer la distribution intérieure, on fait d'autres dessins qu'on appelle *coupes;* on suppose, pour cela, que le bâtiment est coupé par des plans horizontaux ou verticaux.

La coupe, par un plan vertical, est un *profil;* le *plan géométrique* est la coupe faite selon un plan horizontal. (Voy. pl. 48 et 49.)

47. *Donnez une idée de la manière dont on construit une maison.*

On creuse d'abord les fondations dont la partie inférieure est formée d'une assise de moellons non taillés, ou de quartiers de pierre dure qu'on nomme *libages.* On bâtit les murs sur cette première assise.

Afin de renforcer les murs, on élève des *chaînes verticales* ou *assises de pierres de taille* que l'on lie entre elles par des *chaînes horizontales* à la hauteur des planchers.

Les murs de face doivent être plus épais que ceux qui les traversent à angles droits, dans l'intérieur, et que l'on nomme *murs de refend.*

Quand les murs et la charpente sont terminés, on divise chaque étage en chambres, par des *cloisons simples, pleines* ou *creuses.*

Les portes ont, de chaque côté, des *poteaux d'huisserie.* Les pièces de bois qui forment la partie supérieure des croisées se nomment *linteaux.*

Les cheminées sont composées de deux *jambages,* d'un *manteau* et d'un *tuyau* pour conduire la fumée. L'âtre d'une cheminée ne doit pas être placé sur une pièce de bois; on laisse, à cet effet, un vide dans le plancher que l'on nomme *trémie,* qui est rempli par deux ou trois barres de fer.

48. *Quels instruments sont nécessaires pour dessiner graphiquement ?*

Ce sont : une *règle,* un *compas* avec sa pointe, son tire-ligne et son porte-crayon, un *rapporteur* en corne, un *tire-ligne,* enfin une *échelle de proportion.*

49. *Comment trace-t-on une ligne droite ?*

En assujettissant bien sa règle et en faisant glisser le crayon ou le tire-ligne par un mouvement régulier, le long de son arête inférieure.

50. *Qu'est-ce qu'un tire-ligne ?*

Le tire-ligne est un petit instrument formé de deux lames d'acier parallèles très-minces et se terminant en pointes mousses. Une vis sert à rapprocher les lames de manière à faire des traits de la grosseur que l'on désire.

Pour le tracé des lignes, cet instrument est de beaucoup préférable à la plume.

51. *Quel instrument faut-il pour tracer une circonférence ?*

Un compas.

52. *Quelle est la construction du triangle équilatéral ?*

Après avoir tracé la base AB, de ses deux extrémités comme centre, et avec un rayon égal à la base, décrivez deux arcs de cercle CD, EF et du point d'intersection O, menez deux lignes aux extrémités de cette base. (Voy. pl. 3.)

53. *Indiquez la construction du triangle isocèle.*

Il se construit de la même manière que le précédent : seulement le rayon qui sert à décrire les deux arcs de cercle doit être plus petit ou plus grand que la base. (Voy. pl. 3.)

54. *Indiquez la construction du triangle rectangle.*

On élève une perpendiculaire BC à une des extrémités de la base AB, et d'un point de cette perpendiculaire on tire à l'autre extrémité de la base *l'hypoténuse* du triangle. On appelle ainsi le côté du triangle opposé à l'angle droit. (Voy. pl. 3.)

55. *Indiquez la construction du triangle rectangle isocèle dont la base horizontale est l'hypoténuse.*

Du milieu de la base AC comme centre, décrivez une demi-circonférence qui s'appuie sur ses extrémités. Elevez au centre une perpendiculaire CD qui coupera la demi-circonférence en deux quarts de cercle, et du point d'intersection tracez les deux autres côtés du triangle. Ces deux côtés seront égaux comme sous-tendant deux arcs égaux, ou encore comme s'écartant également du pied de la perpendiculaire. Le triangle est rectangle, parce que l'angle que forment ces deux côtés est droit, comme ayant son sommet à la circonférence et embrassant un diamètre entre ses côtés. (Voy. pl. 3.)

En élevant la perpendiculaire à tout autre point qu'au milieu de la base, on aurait un triangle rectangle scalène.

56. *Indiquez la construction du carré.*

Elevez une perpendiculaire BC à une des extrémités de la base AB (40), en lui donnant la même longueur; puis de l'extrémité C de la perpendiculaire, et de l'autre extrémité A de la base, et avec une ouverture de compas égale à l'une de ces lignes, décrivez deux arcs de cercle; enfin, de leur intersection, menez deux lignes qui fermeront votre carré (Voy. pl. 3, carré.)

57. *Indiquez la construction du rectangle.*

Elevez deux perpendiculaires BC, AD aux deux extrémités de la base, faites ces perpendiculaires égales à la hauteur du rectangle, et joignez leurs extrémités supérieures par une ligne.

On peut, par ce procédé, construire un carré; de même que, par celui du n° 56, on peut tracer un rectangle; mais les rayons avec lesquels on décrit les deux arcs de cercle qui se coupent doivent être, l'un égal à la base, et l'autre à la hauteur du rectangle.

58. *Indiquez la construction du parallélogramme.*

Les côtés *ab* et *ac* étant donnés ainsi que l'angle *cab* (pl. 3), du point C, avec une ouverture de compas égale à *ab*, décrivez vers D un arc de cercle; du point *b*, avec une ouverture égale à *ac*, décrivez l'autre arc, et du point d'intersection, menez les côtés *cd* et *db*.

59. *Indiquez la construction du losange.*

C'est la même, avec cette différence que les quatre côtés doivent être égaux.

60. *Indiquez la construction d'une spirale.*

Tracez le carré *ab cd* dont vous prolongez les côtés (Voy. pl. 4). Du point *a*, comme centre, tirez l'arc de cercle *ef*, du point *b* décrivez l'arc *fg*, et ainsi de suite, en prenant successivement pour centre le sommet de chaque angle du carré.

Par le même procédé on construit des spirales sur un triangle ou un hexagone. (Voyez la même planche.)

61. *Indiquez la construction de l'ellipse dont le grand arc seul est donné.*

Soit *ab* le grand axe (pl. 8). On le divise en trois parties égales par les points *c* et *d*; sur cette ligne *cd*, comme base, on construit les deux triangles équilatéraux *cde*, *cdf* dont on prolonge les côtés vers *g*, *h*, *i*, *k*. Du point *c*, comme centre, on décrit l'arc de cercle *iag* dont les limites sont marquées par le prolongement des côtés des triangles équilatéraux. On en fait autant au point *d*. Des points *e* et *f*, et avec une même ouverture de compas, on trace les arcs *gh* et *ik* qui se *raccordent* avec les deux premiers arcs.

62. *Indiquez la construction du quart de rond.*

On prend la hauteur perpendiculaire de la saillie de la moulure, et, de l'extrémité supérieure de cette perpendiculaire, on décrit un quart de cercle. (Voy. pl. 42.)

63. *Indiquez la construction du talon droit.*

Tirez la ligne *ab* (pl. 42); prolongez la ligne *cb* jusqu'en *d* en la faisant égale à la moitié de *ab*. Par le point *d* et le milieu *f* de la ligne *ab* tirez la ligne *de*, faisant *fe*, égal à *fd*. Le point

e est le centre d'où vous décrirez le quart de rond fa, et le point d celui du cavet b qui forme le talon.

64. *Indiquez la construction de la doucine.*

Tirez la ligne ab (pl. 43) que vous diviserez par le point c en deux parties égales. Sur chacune de ces parties vous construirez les triangles équilatéraux bcd et ace. Des points d et e, comme centres, vous décrirez le cavet ce et les deux quarts de rond ac qui se raccordent au point c.

65. *Indiquez la construction de la scotie.*

Abaissez la perpendiculaire ab (pl. 42) du tiers de la hauteur de la moulure, le point b sera le centre du petit cavet. Prolongez la ligne cb en d, faisant bd égal bc, le point d sera le centre du grand cavet ce.

Au moyen des principes et des explications précédentes, il n'est pas de figures de nos planches dont on ne comprenne aisément la construction. La plupart de ces dessins fourniront de nombreuses occasions d'appliquer les constructions géométriques que nous venons de décrire, et seront, pour les élèves, d'utiles exercices au dessin linéaire considéré non-seulement comme partie indispensable de l'éducation de ceux qui se destinent aux arts mécaniques, mais encore comme la meilleure introduction au dessin proprement dit.

Cependant nous croyons utile d'ajouter quelques explications sur la manière de construire la *mappemonde*. Cette figure est de la plus grande utilité dans les écoles primaires, où l'on a généralement adopté, comme la meilleure méthode d'enseigner la géographie, celle qui consiste à faire dresser, par les élèves eux-mêmes, des cartes muettes ou problématiques.

Après avoir décrit la circonférence entière qui représente le premier méridien (pl. 6), tirez la ligne ab qui représente le méridien du milieu; puis, par le centre, la perpendiculaire cd ou l'équateur; prolongez indéfiniment ces deux lignes droites vers les quatre points cardinaux.

Placez à l'un des pôles un rapporteur, et tirez de ce point une suite de lignes faisant, les unes avec les autres, des angles de 10°, et prolongez-les jusqu'à ce qu'elles rencontrent la ligne cd et son prolongement de part et d'autre. Chacun des points de rencontre vous servira de centre, et la ligne tirée du pôle à ce point vous servira de rayon pour décrire les méridiens à droite et à gauche de celui du milieu; bien entendu que, pour les méridiens de la droite, les centres doivent être pris à gauche et réciproquement.

Pour tracer les parallèles, divisez le premier méridien, d'un seul côté, depuis un pôle jusqu'à l'autre, en arcs de 10° chacun; par chacune de ces divisions menez des tangentes qui rencontreront en haut et en bas le prolongement du méridien du milieu. Prenez successivement ces points de rencontre pour centres, et pour rayon la tangente qui a donné chacun de ces points, et décrivez ainsi, à travers l'hémisphère, les demi-parallèles de latitude boréale ou australe, selon que le centre aura été pris par delà le pôle arctique ou par delà le pôle antarctique.

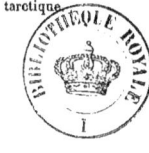

FIN.

DESSIN LINÉAIRE.

PLANCHES.

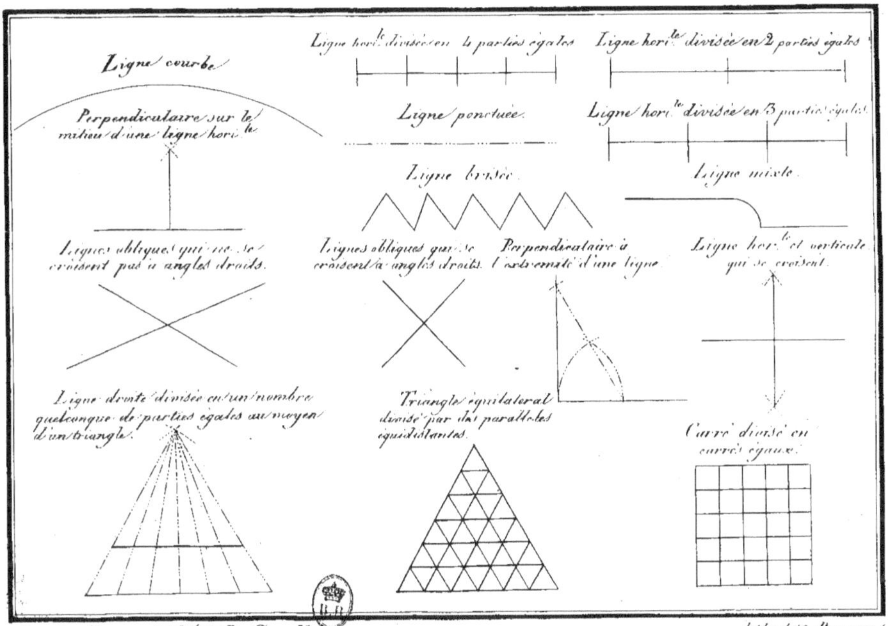

Pl. 1

Ligne courbe.   Ligne hor.^{le} divisée en 4 parties égales.   Ligne hor.^{le} divisée en 2 parties égales.

Perpendiculaire sur le milieu d'une ligne hor.^{le}   Ligne ponctuée.   Ligne hor.^{le} divisée en 3 parties égales.

Ligne brisée.   Ligne mixte.

Lignes obliques qui ne se croisent pas à angles droits.   Lignes obliques qui se croisent à angles droits.   Perpendiculaire à l'extrémité d'une ligne.   Ligne hor.^{le} et verticale qui se croisent.

Ligne droite divisée en un nombre quelconque de parties égales au moyen d'un triangle.   Triangle équilatéral divisé par des parallèles équidistantes.   Carré divisé en carrés égaux.

Chez Prudhomme, lib.^{re} édit.^r à Grenoble.   lith. de C. Peyceran

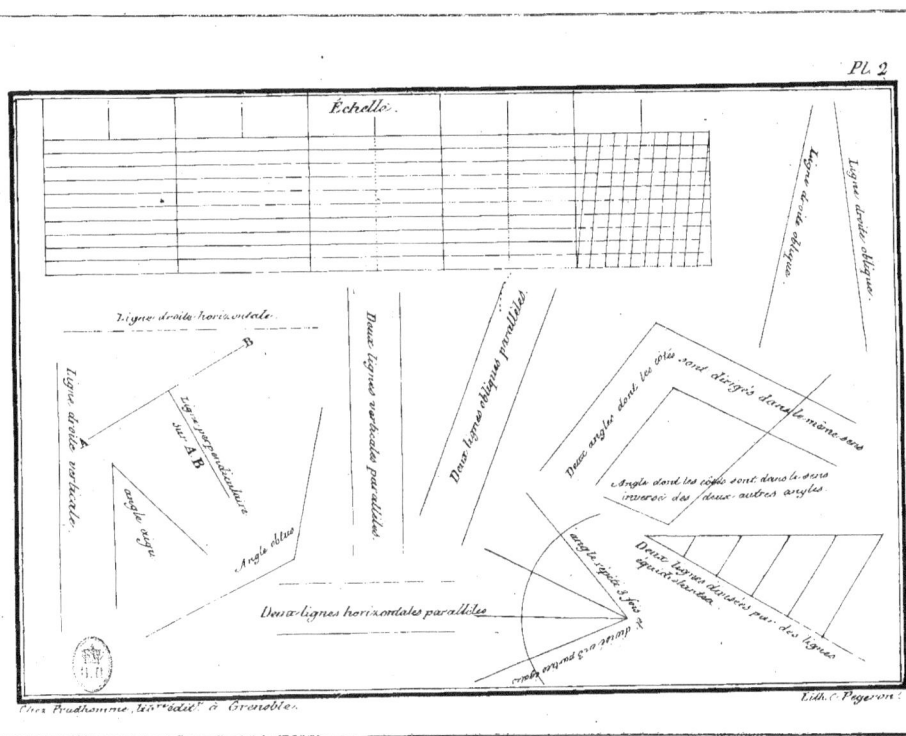

Pl. 3.

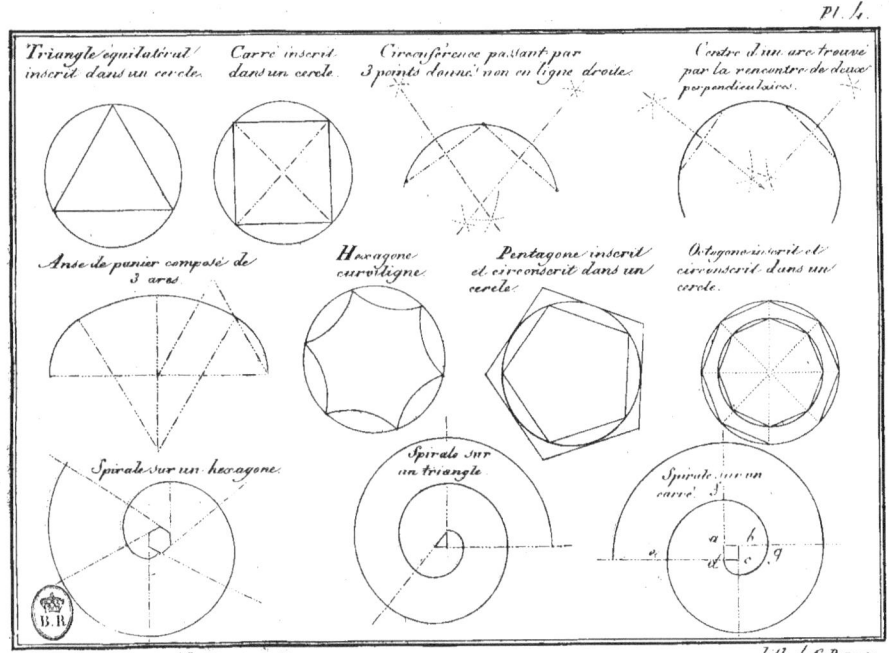

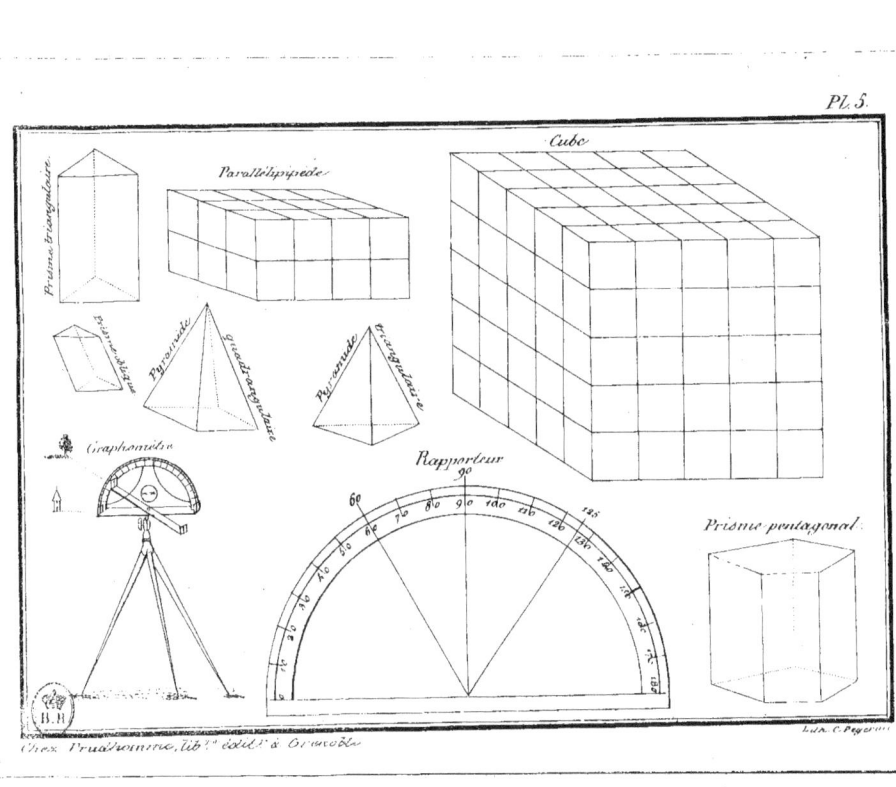

Pl. 6.

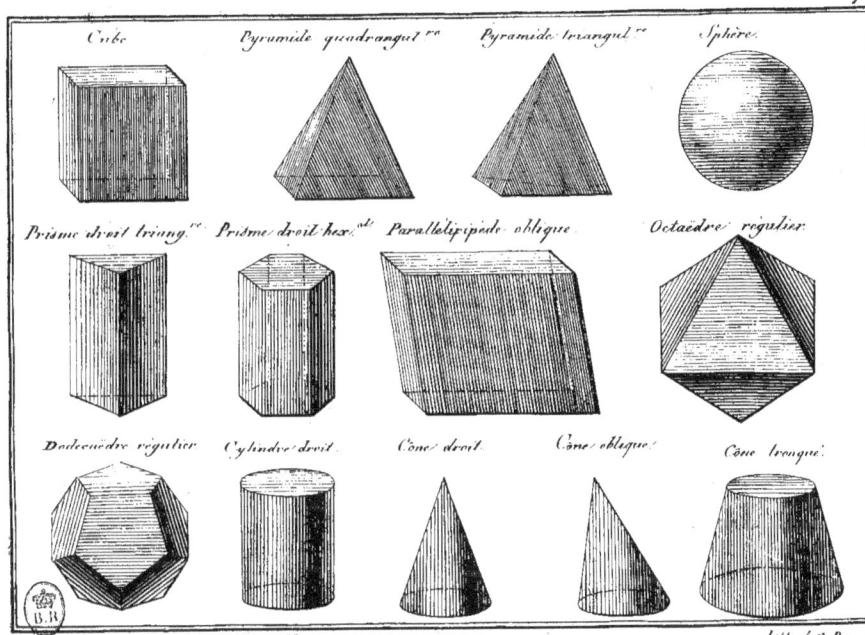

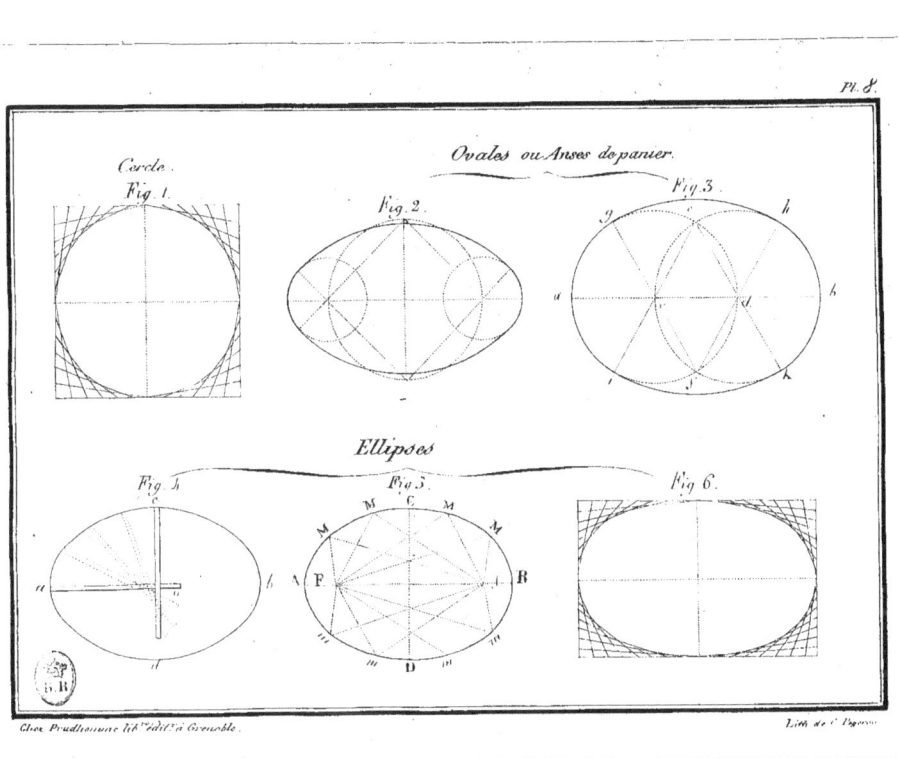

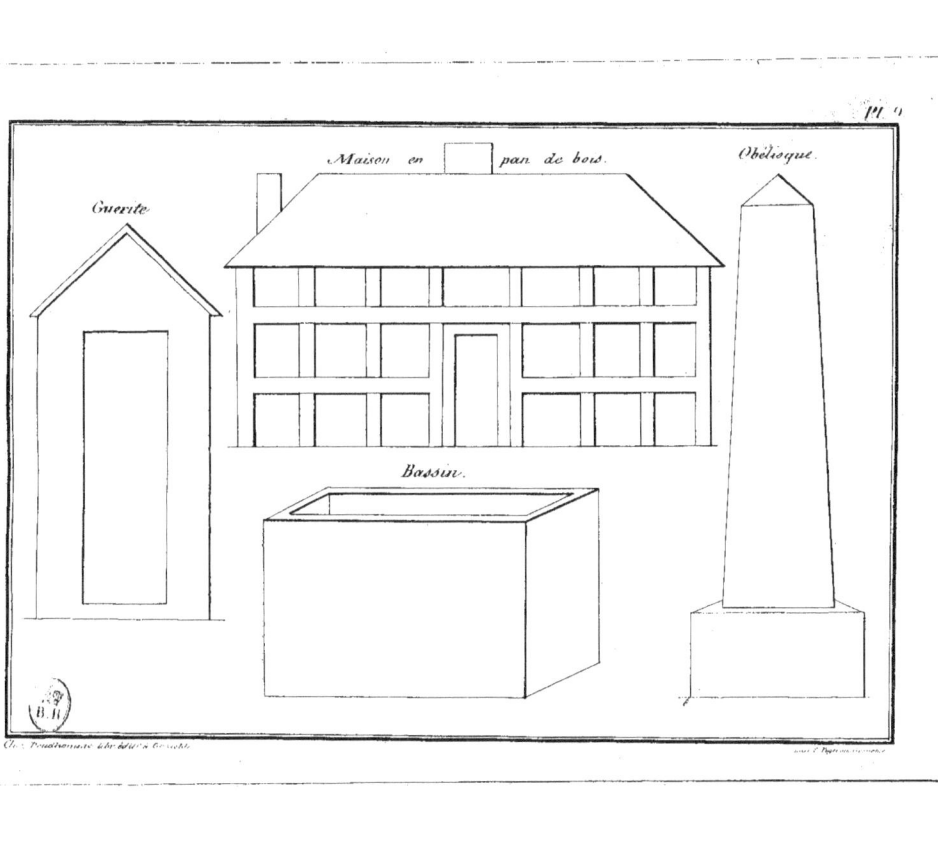

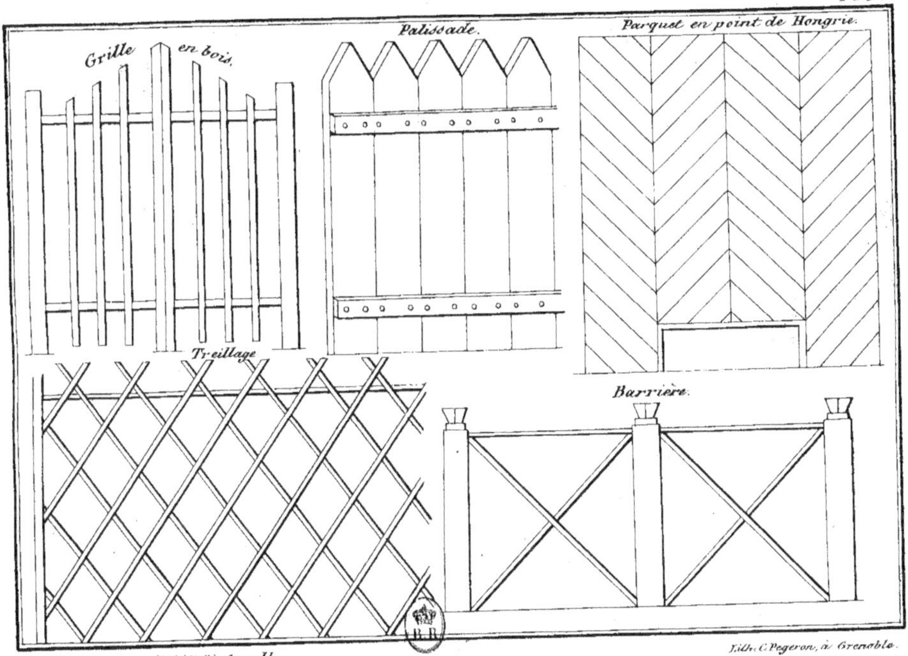

Pl. 10.

Grille en bois.   *Palissade.*   *Parquet en point de Hongrie.*

Treillage.   *Barrière.*

Chez Prudhomme, lib.^{re} édit.^r à Grenoble.   Lith. C. Pegeron, à Grenoble.

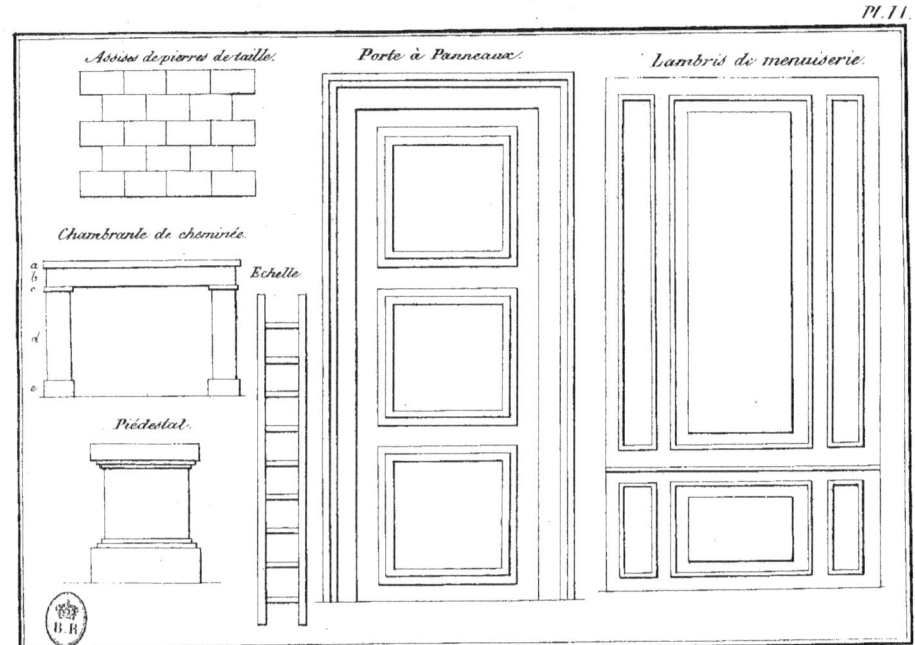

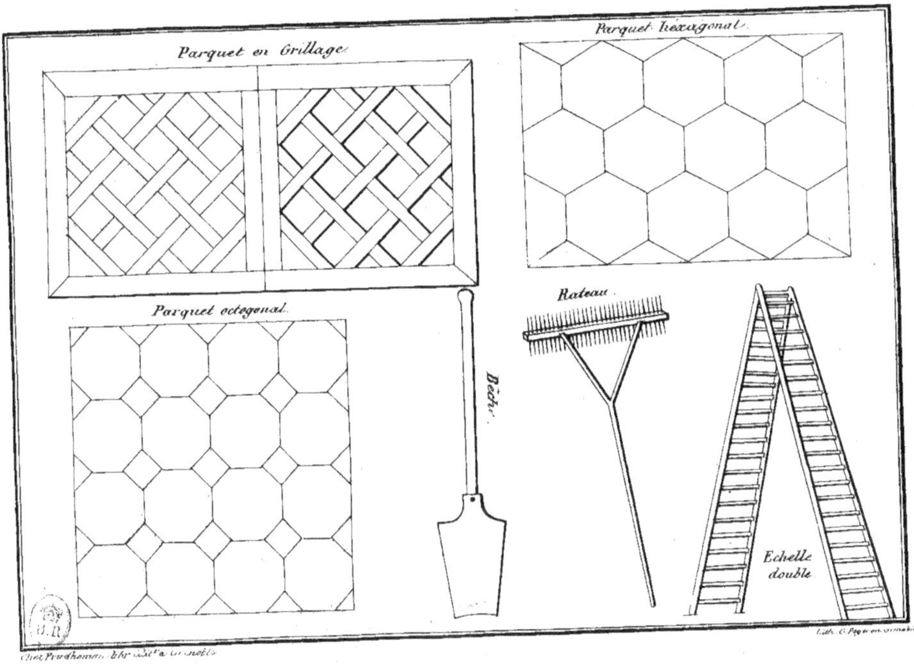

Pl. 12.

Parquet en Grillage.

Parquet hexagonal.

Parquet octogonal.

Bêche.

Rateau.

Echelle double.

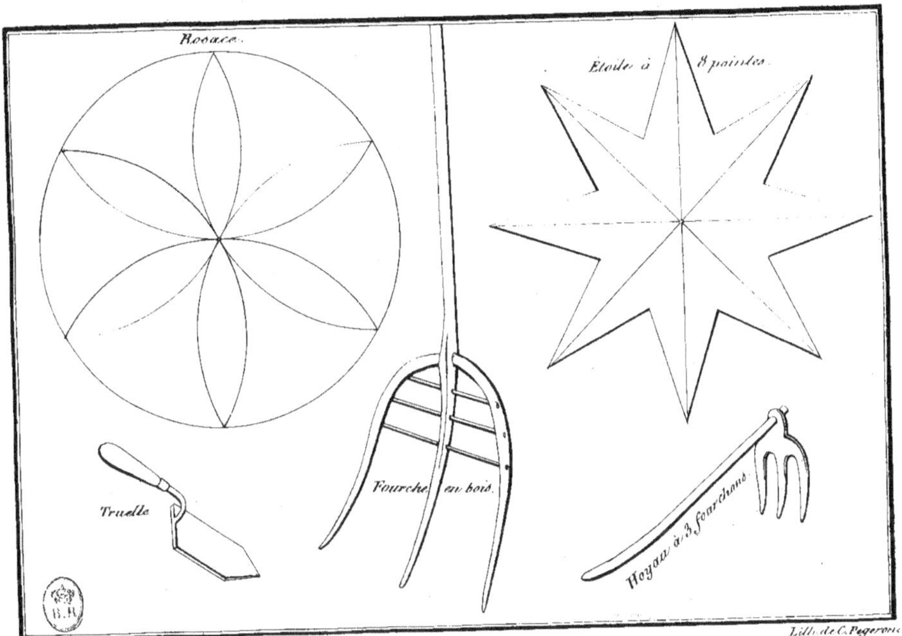

Pl. 13

Rosace.

Etoile à 8 pointes.

Truelle.

Fourche en bois.

Hoyau à 3 fourchons.

Chez Prudhomme, lib.re édit.r à Grenoble.

Lith. de C. Pagerois.

Pl. 14.

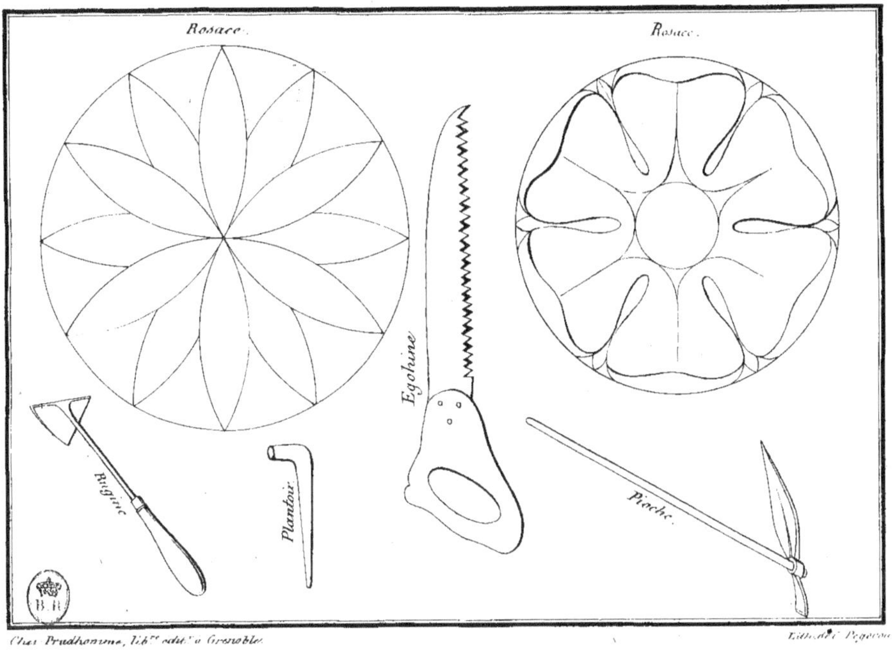

Rosace. Rosace.

Rugine. Plantoir. Egohine. Pioche.

Chez Prudhomme, Lib.ʳᵉ édit.ʳ à Grenoble. Lith. de Pégeron

Pl. 15.

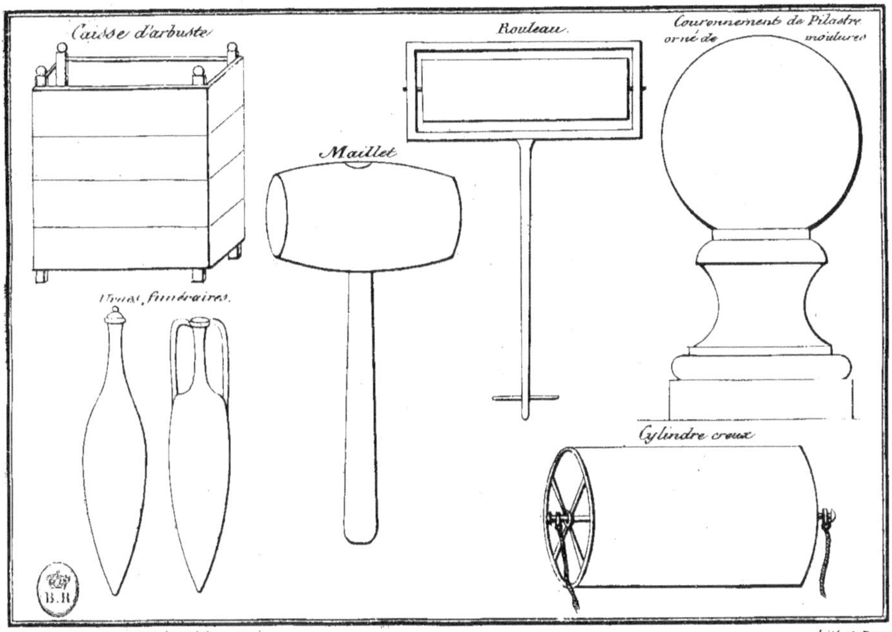

Caisse d'arbuste. Rouleau. Couronnement de Pilastre orné de moulures.

Maillet.

Urnes funéraires.

Cylindre creux.

Chez Prudhomme libre éditr à Grenoble. Lith. C. Pegeron

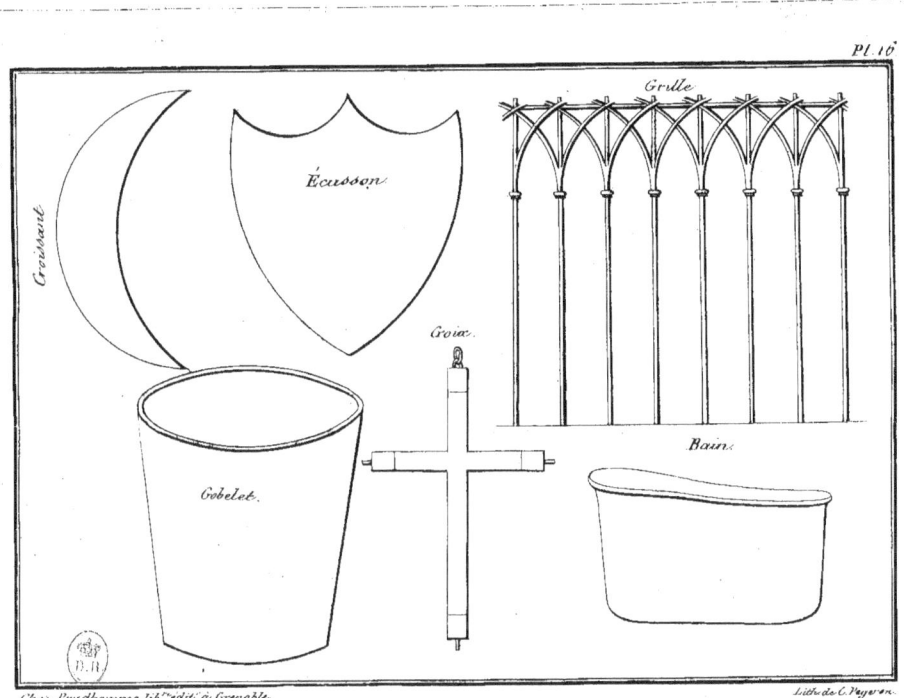

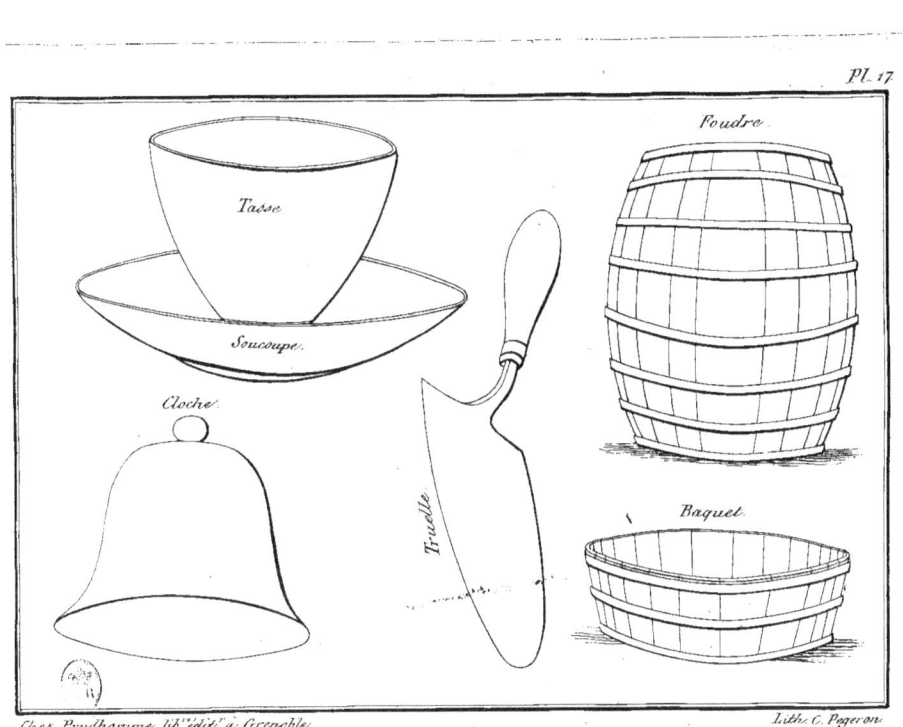

Pl. 18.

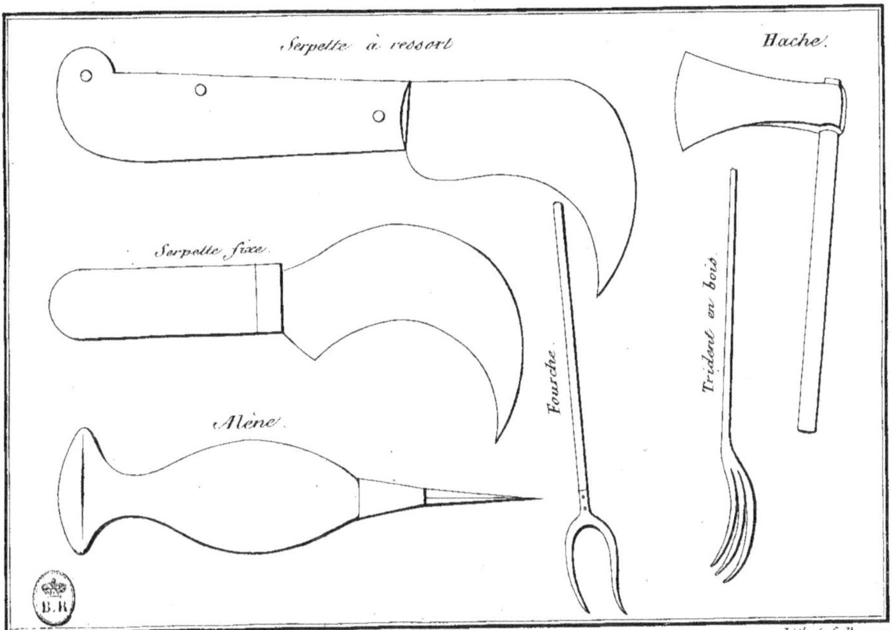

Serpette à ressort. *Hache.*

Serpette fixe.

Alène. *Fourche.* *Trident en bois.*

Chez Prudhomme, Libre. édit.r à Grenoble. Lith. de C. Pageron.

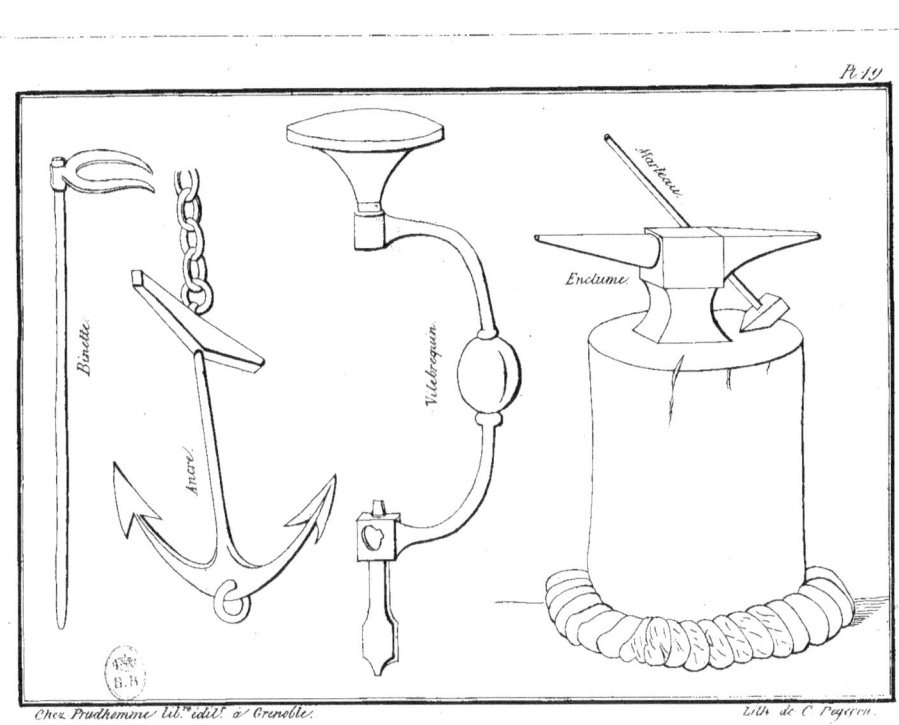

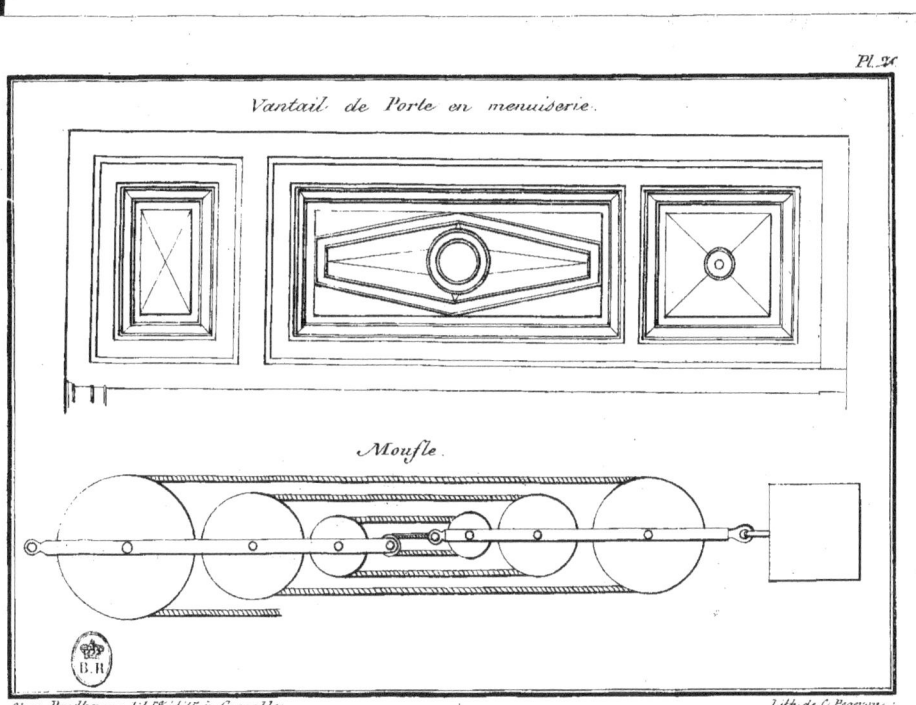

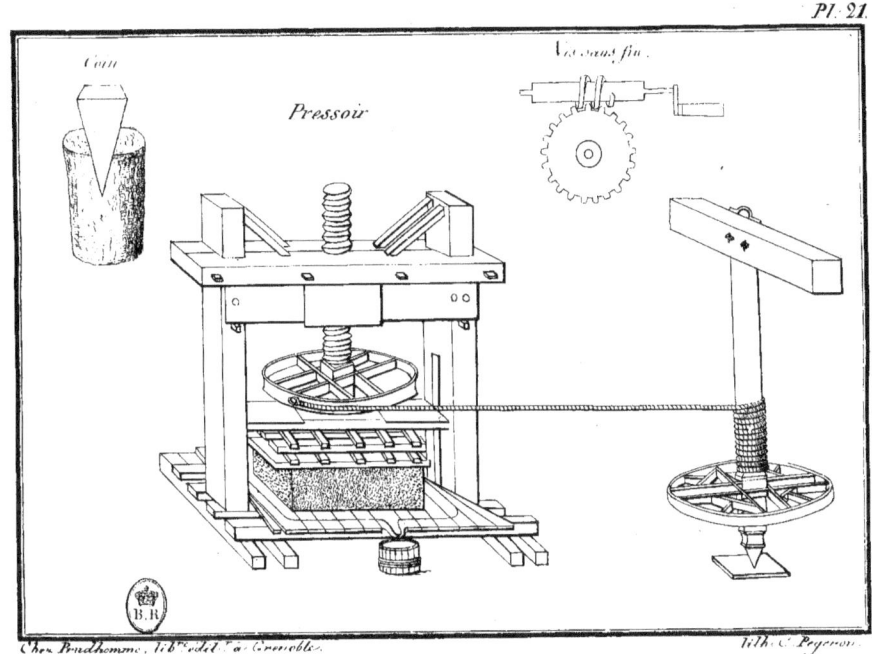

Pl. 21.

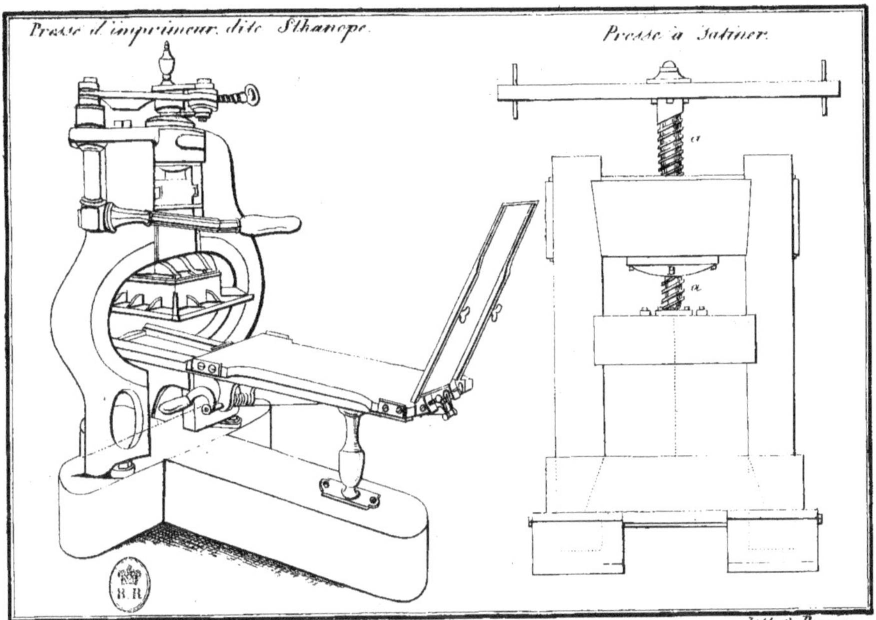

Presse d'imprimeur, dite Sthanope.   Presse à Satiner.

Pl. 22.

Chez Prudhomme lib. édit.r à Grenoble.   Lith. C. Pegeron.

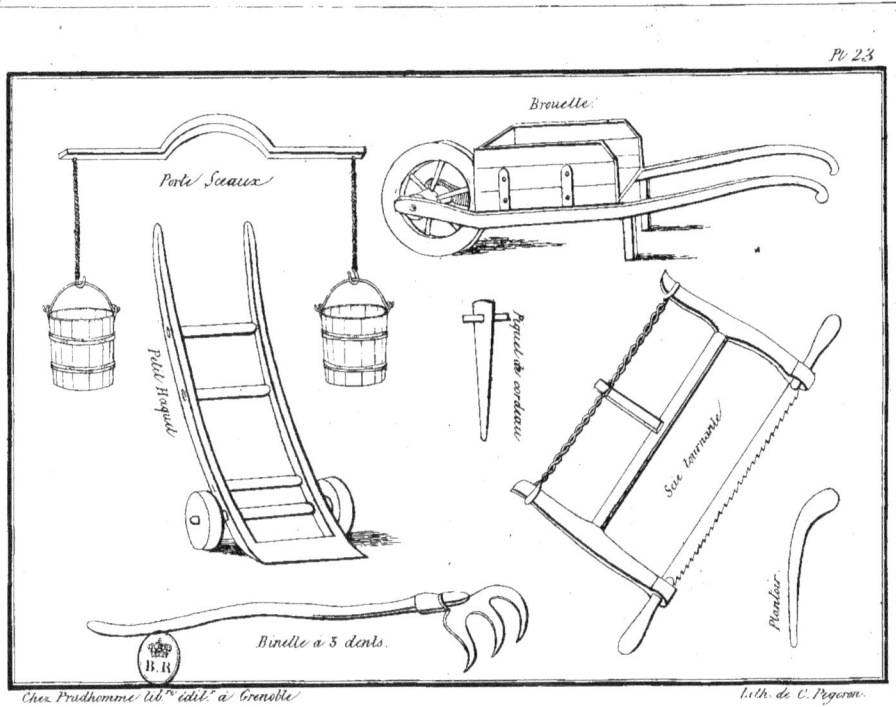

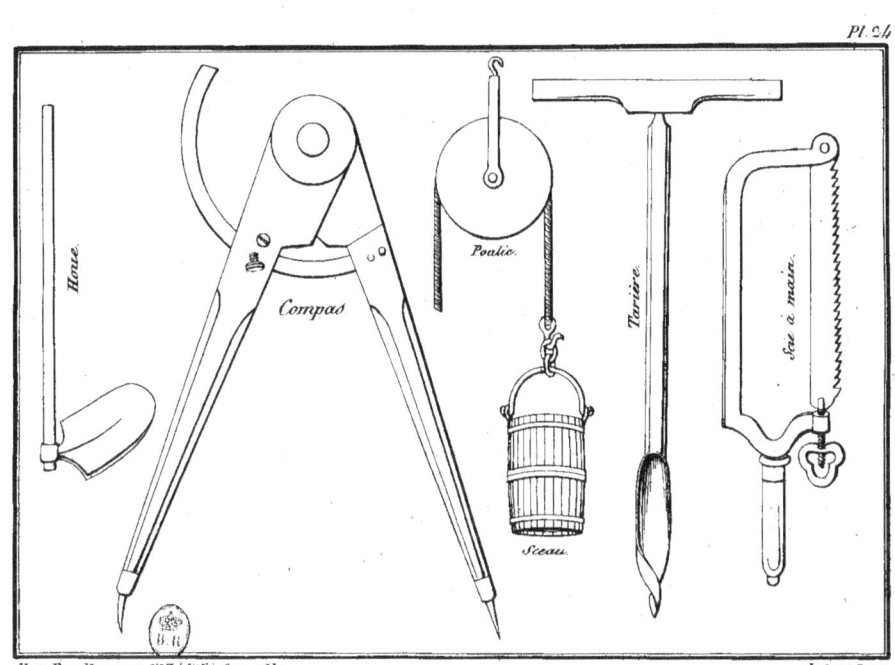

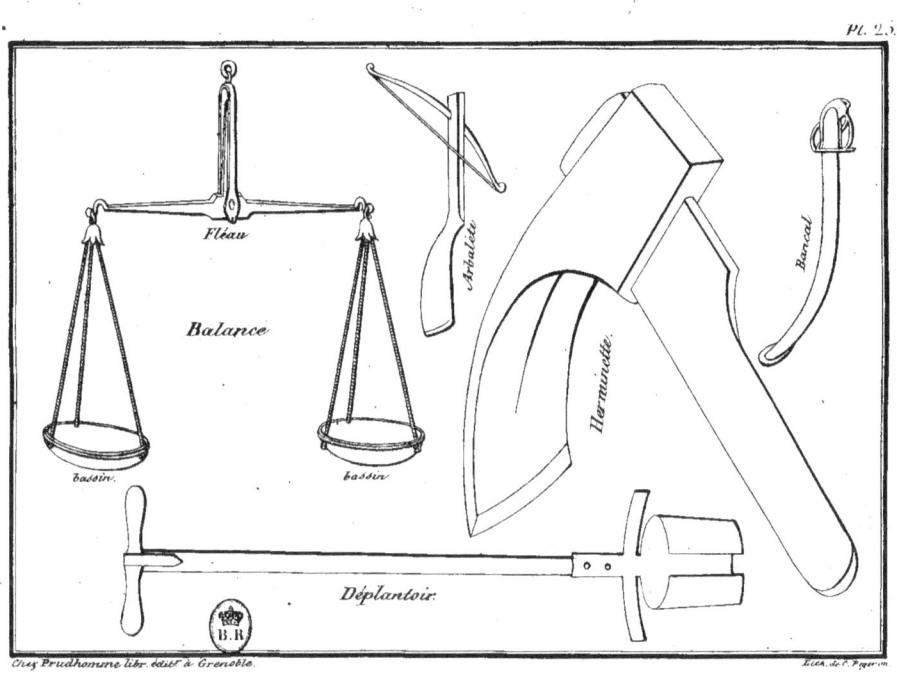

Pl. 26.

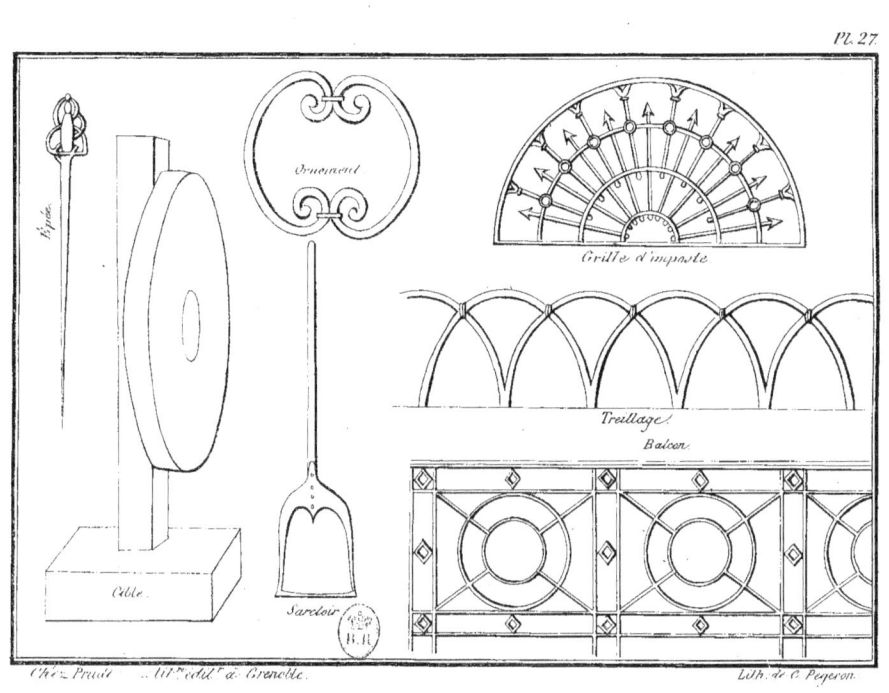

Pl. 27

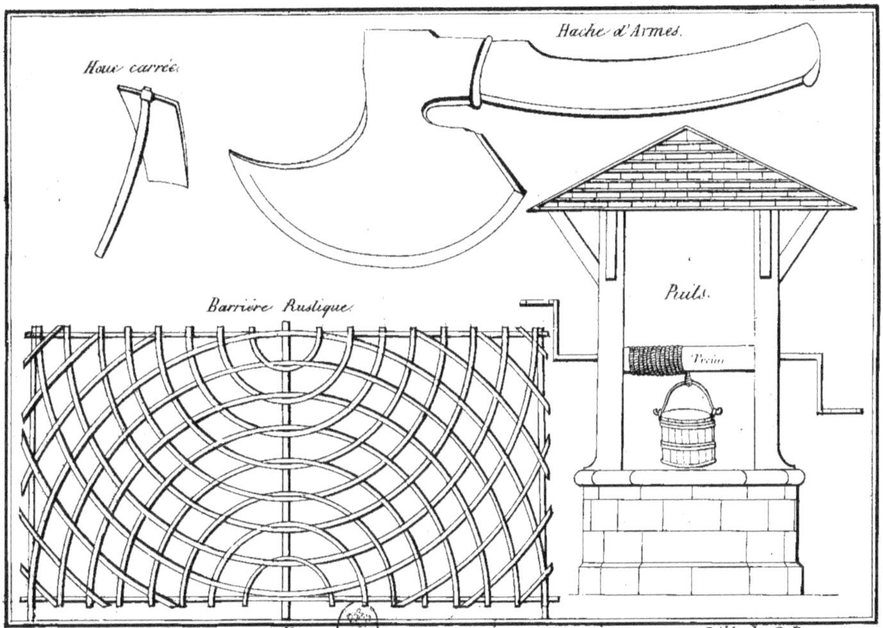

Pl. 28

Houe carrée.

Hache d'Armes.

Barrière Rustique.

Puits.

Treuil

Chez Prudhomme lib. edit.r à Grenoble.

Lith. de C. Pegeron.

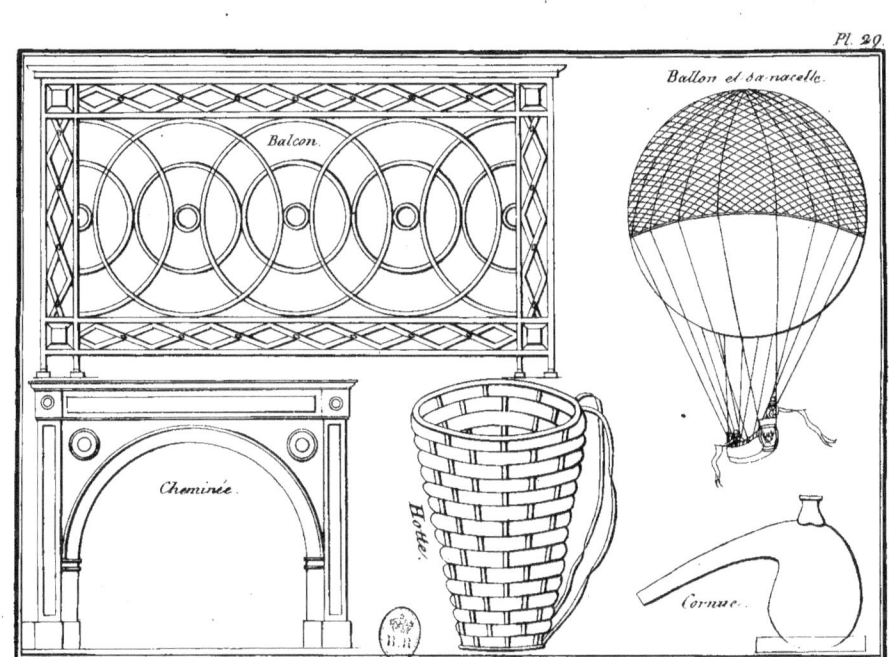

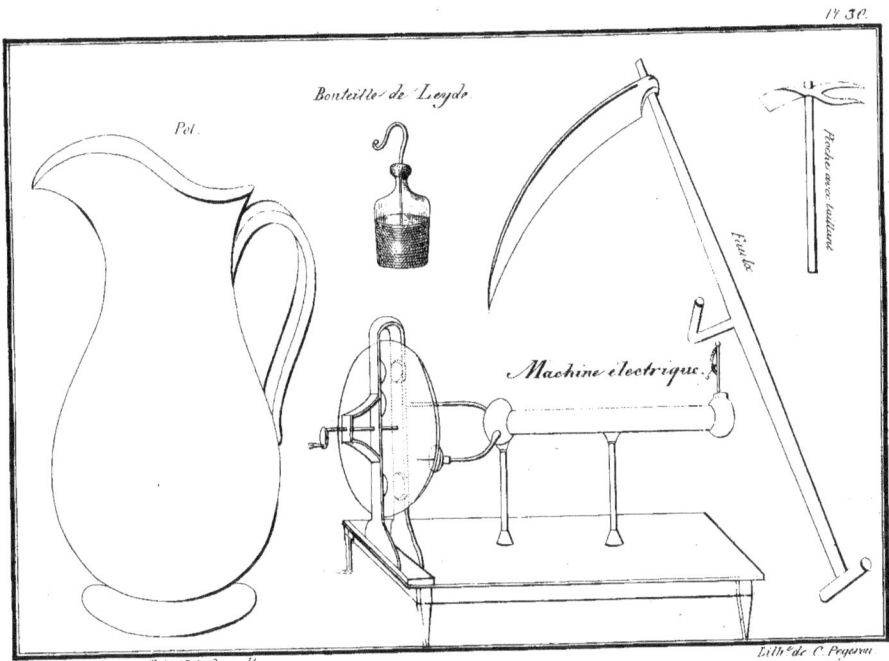

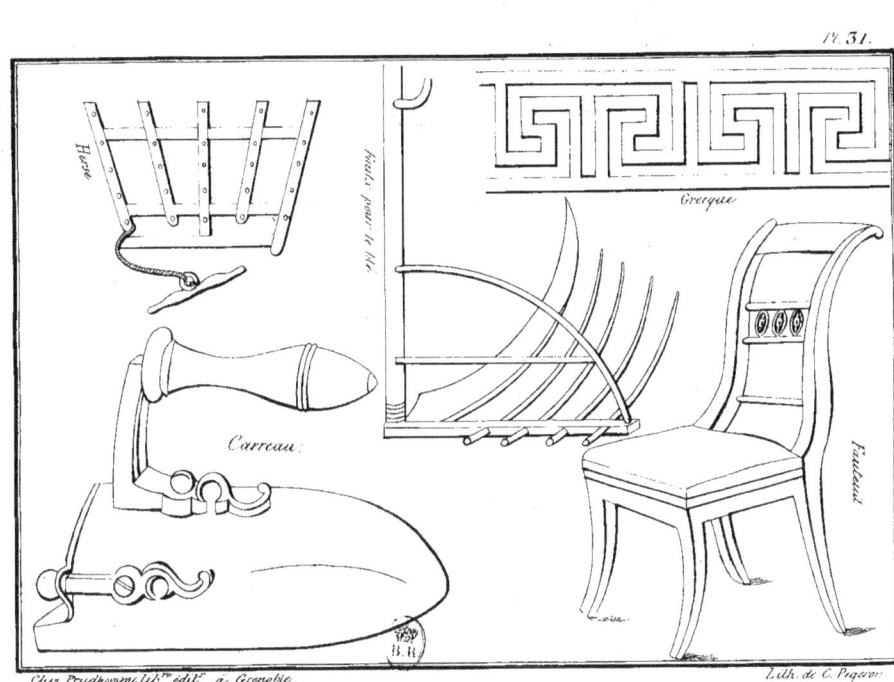

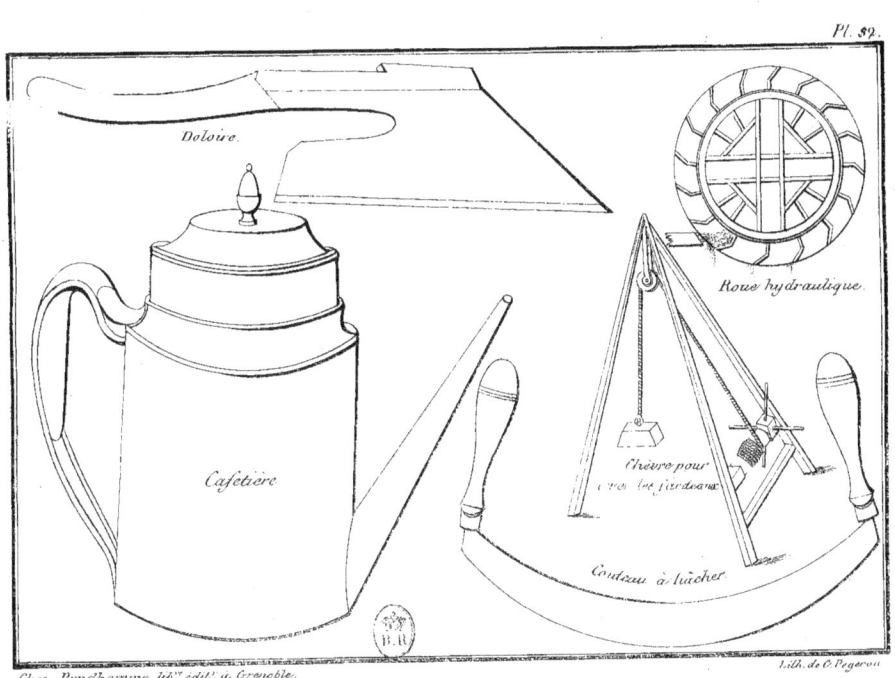

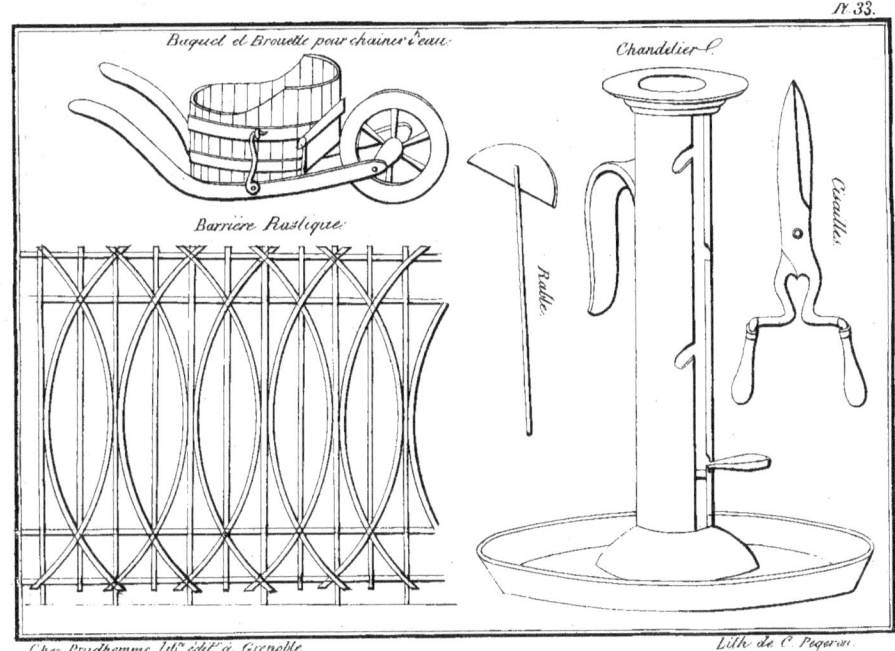

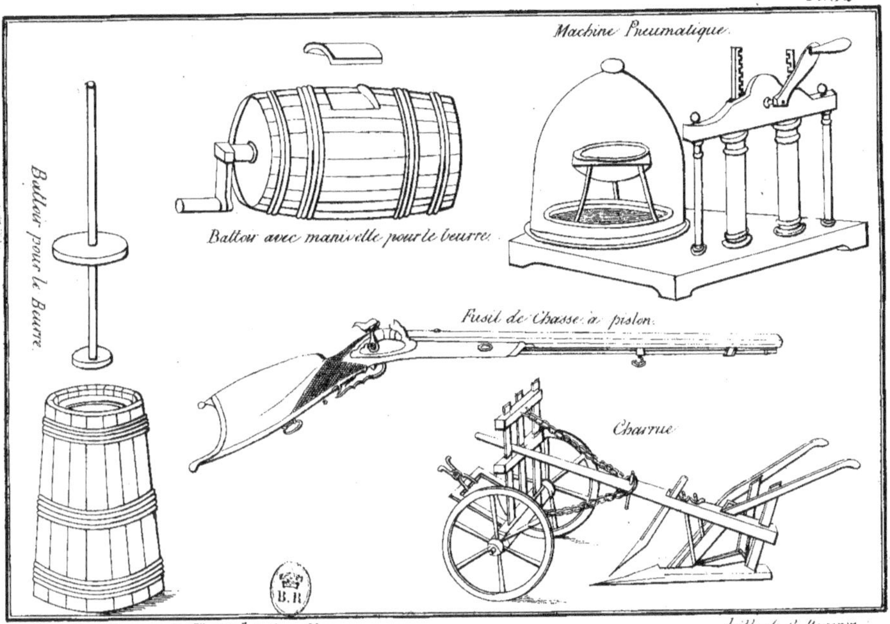

Pl. 34

Machine Pneumatique.

Battoir pour le Beurre.

Ballon avec manivelle pour le beurre.

Fusil de Chasse à piston.

Charrue.

Chez Prudhomme lib.re édit.r à Grenoble.

Lith. de C. Pegeron.

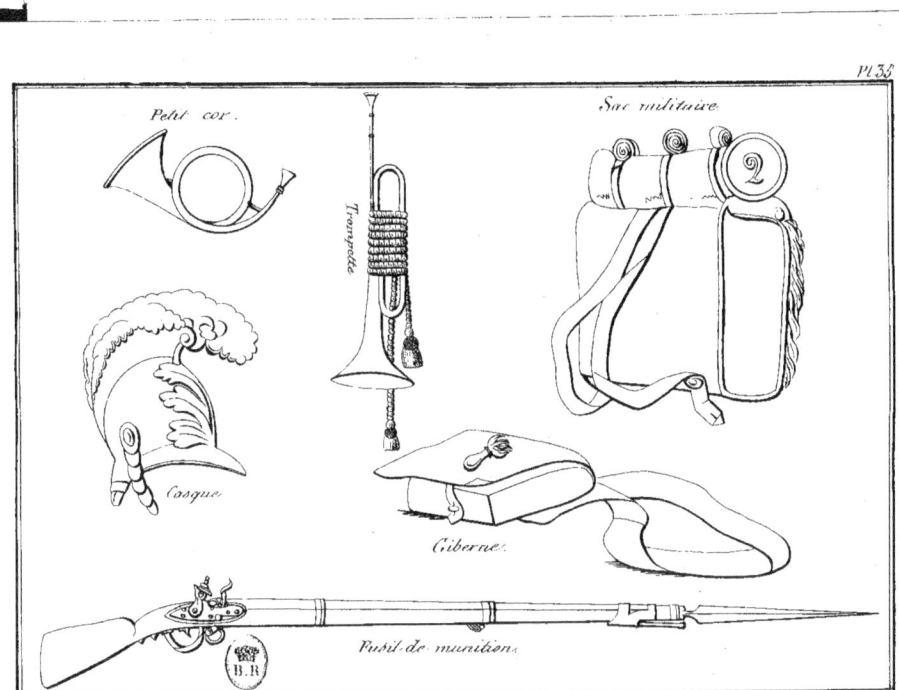

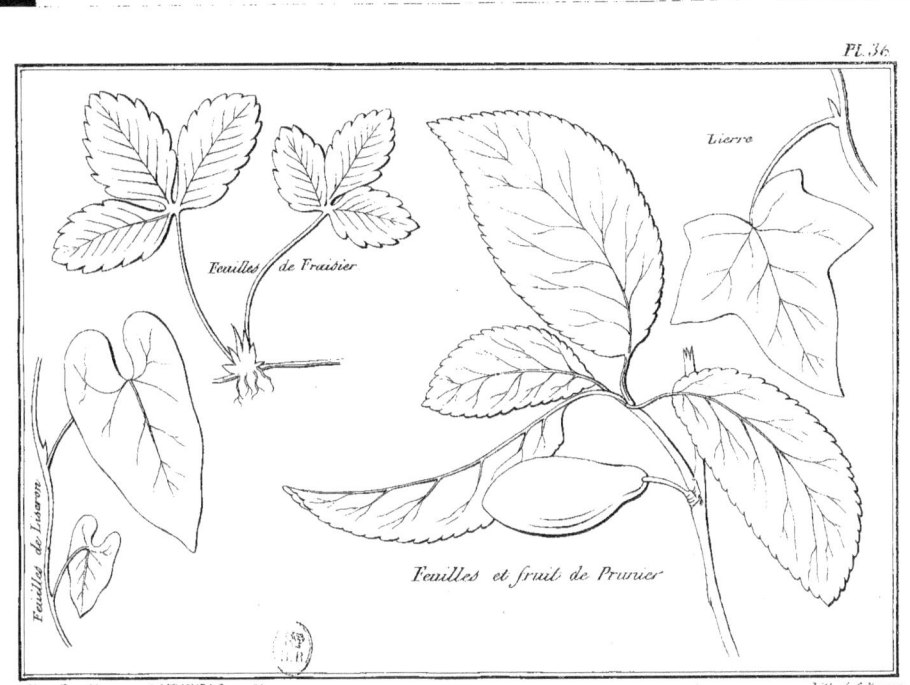

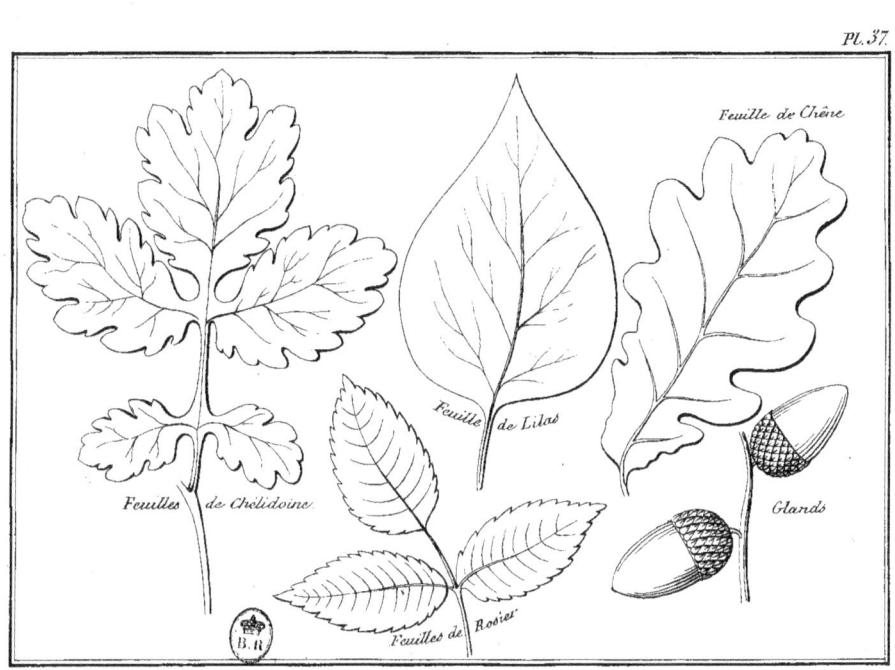

Pl. 37.

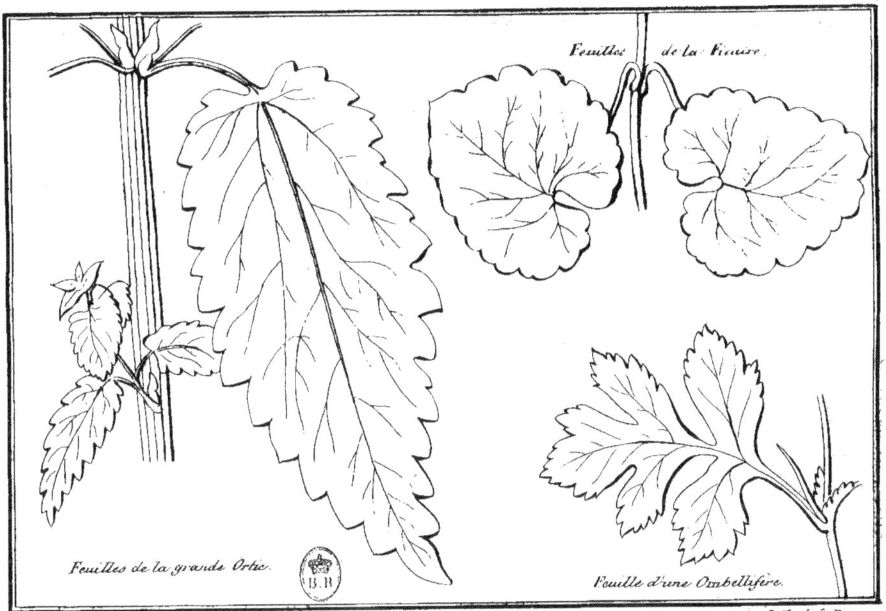

Pl. 33.

Feuilles de la Fumure.

Feuilles de la grande Ortie.

Feuille d'une Ombellifère.

Chez Prudhomme, lib. édit. Grenoble.

Lith. de C. Peyronard.

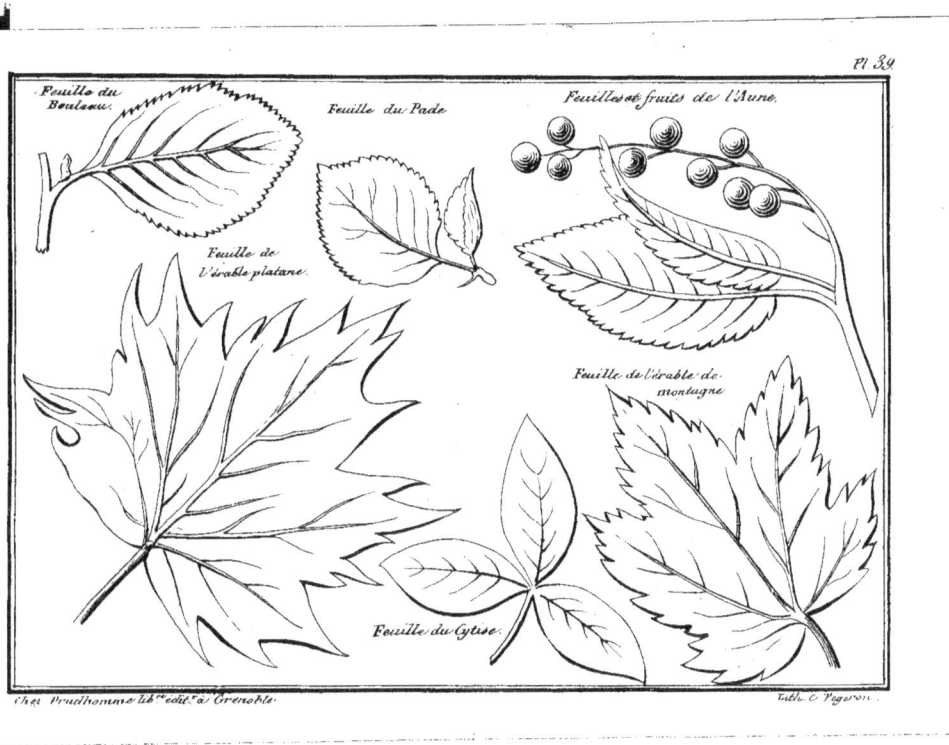

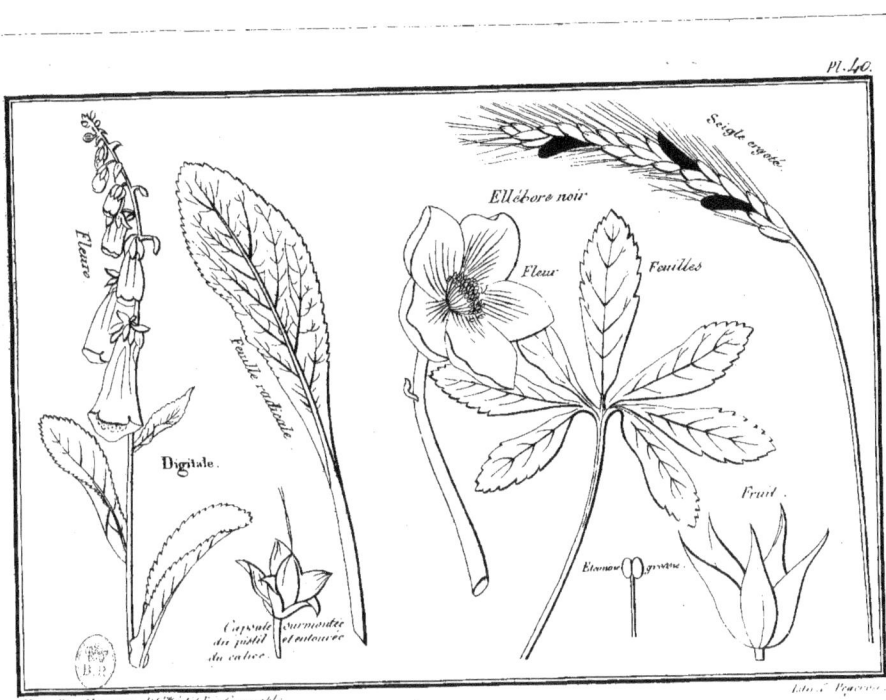

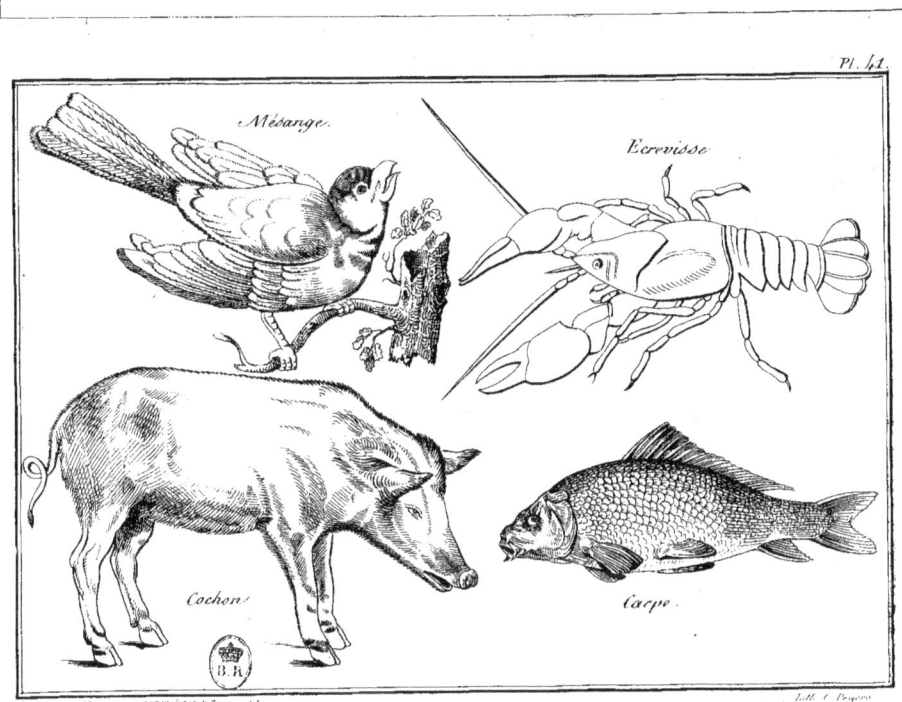

Pl. 42.

Moulures.

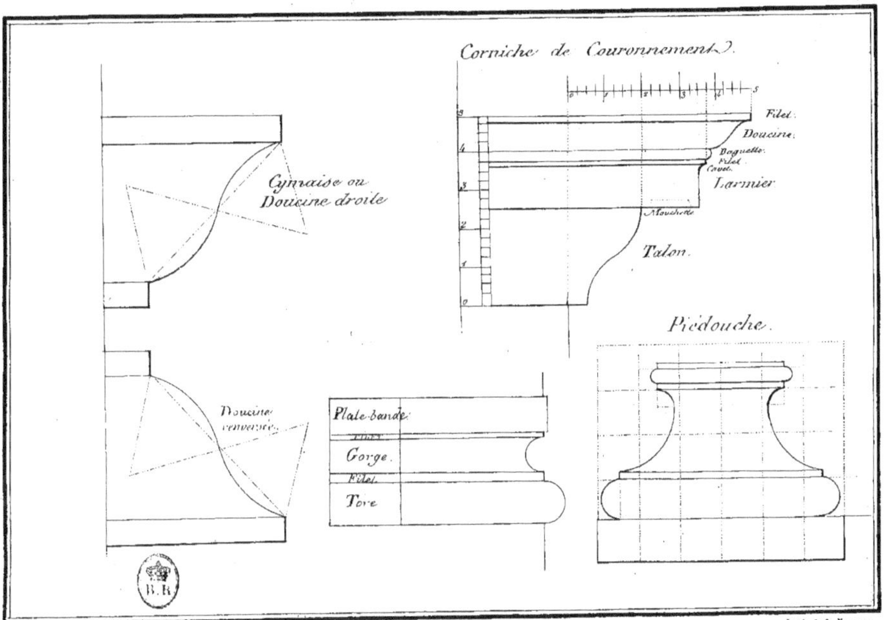

Pl. 43.

Corniche de Couronnement.

Cymaise ou Doucine droite

Filet.
Doucine.
Baguette.
Filet.
Cavet.
Larmier
Mouchette
Talon.

Doucine renversée

Plate-bande.
Filet
Gorge.
Filet
Tore

Piédouche.

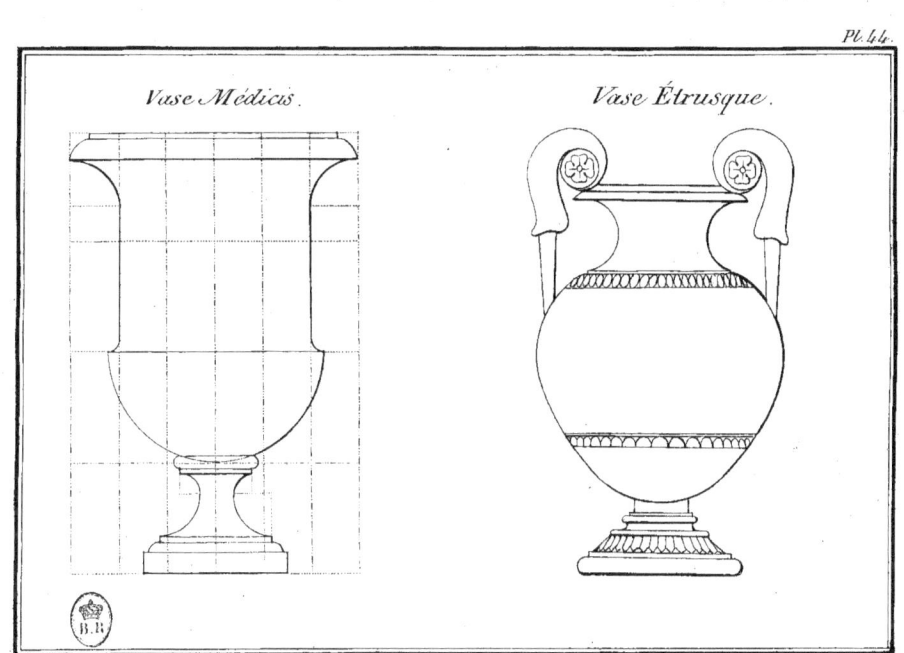

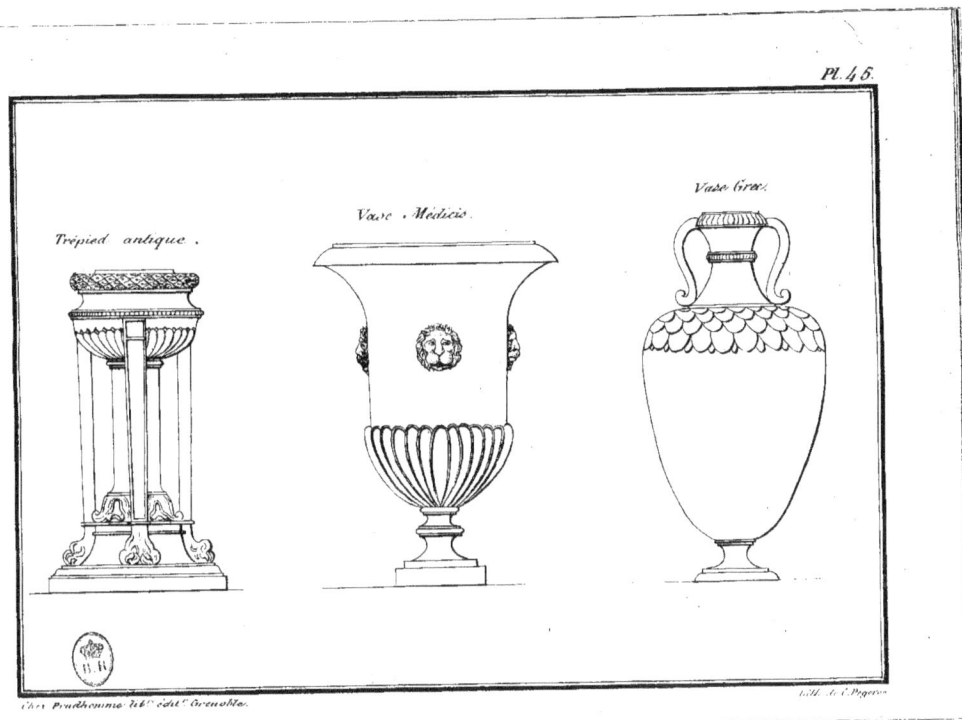

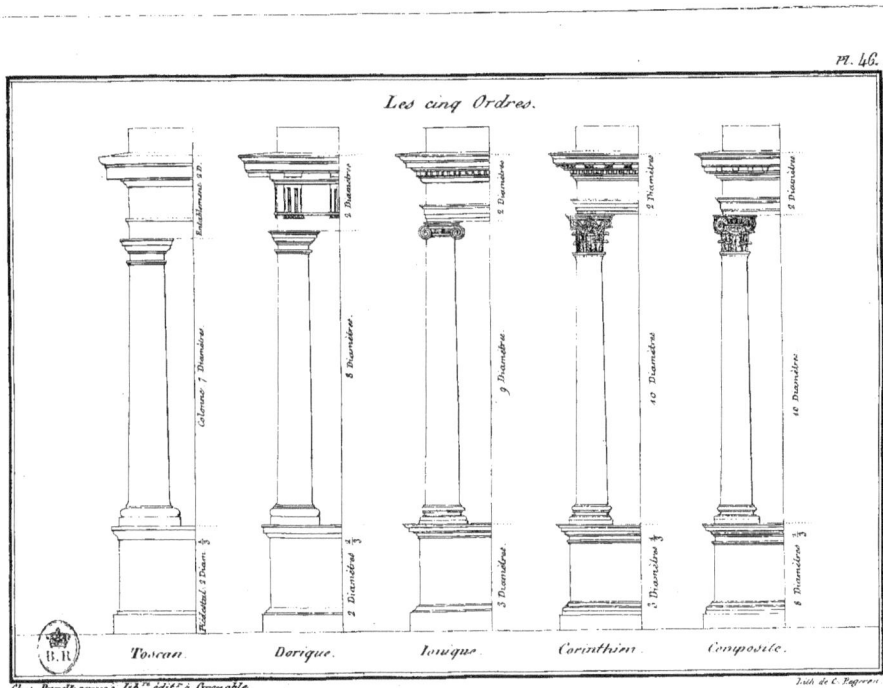

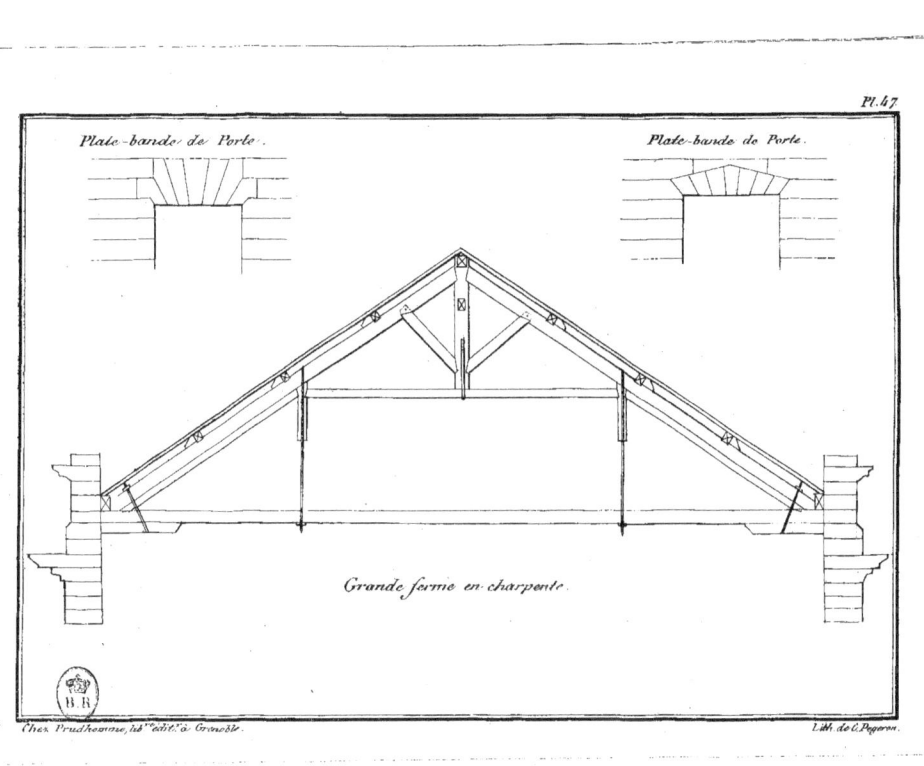

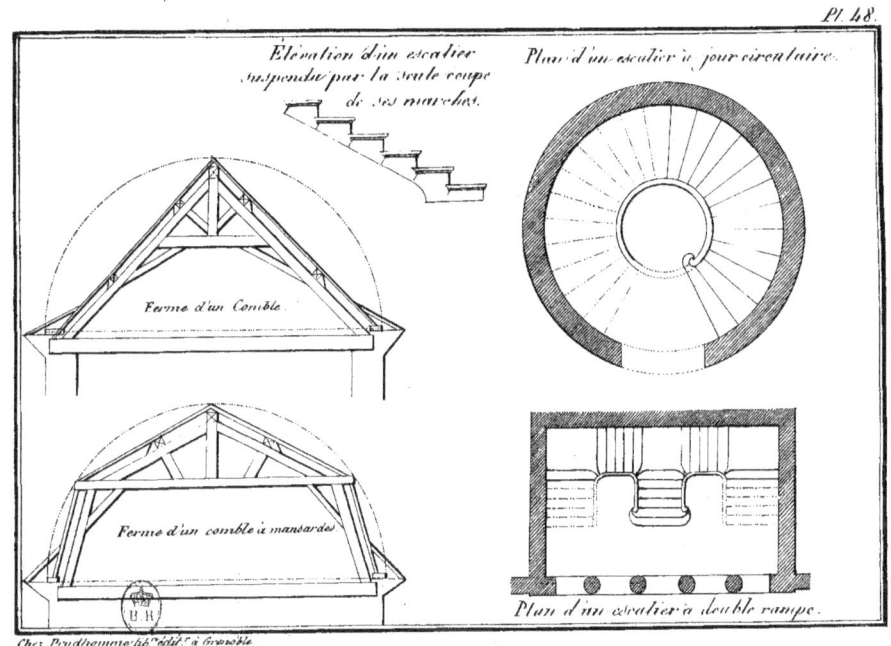

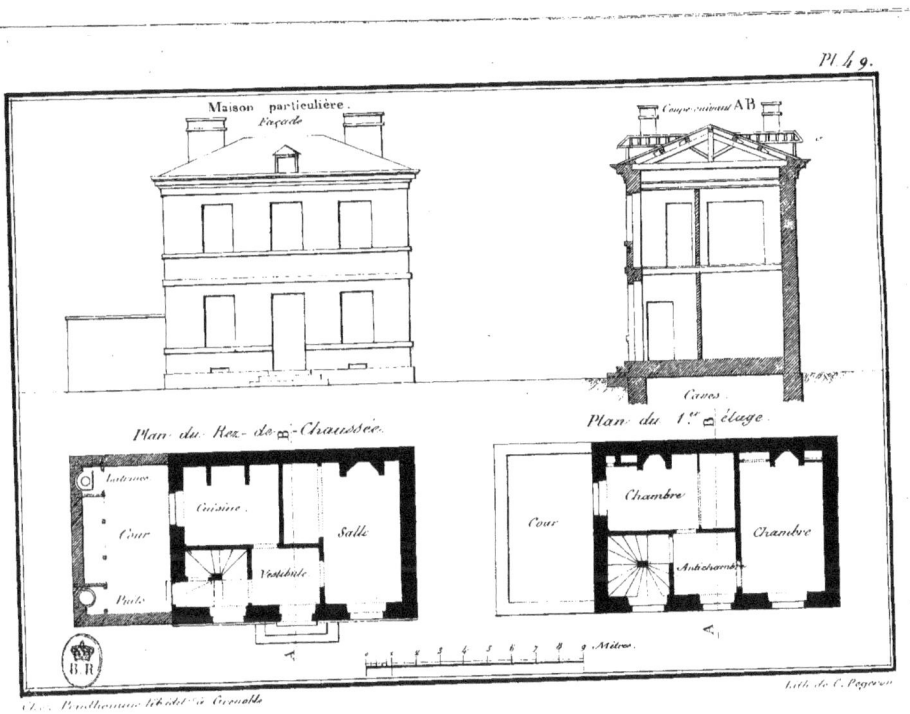

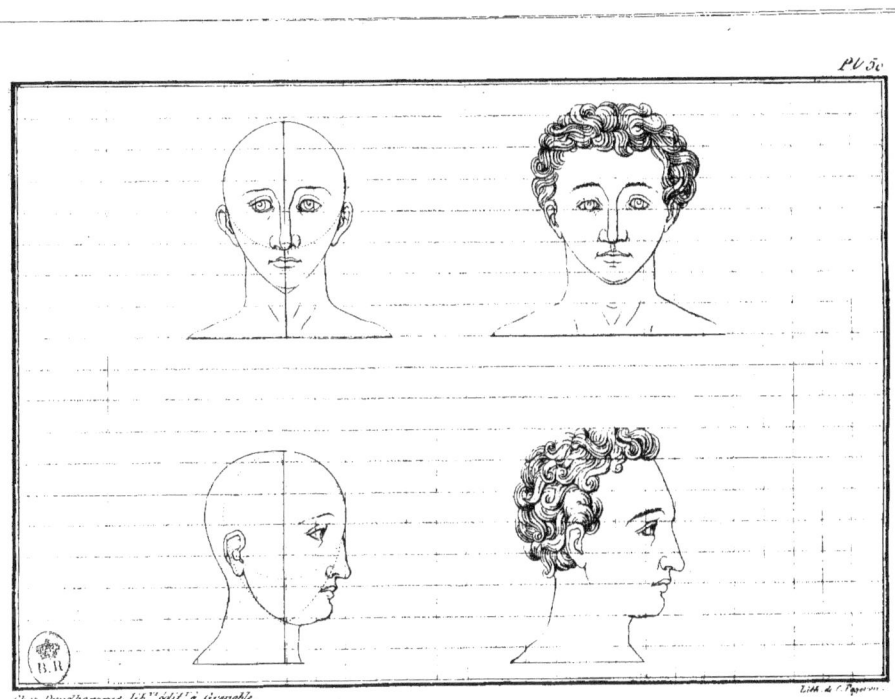

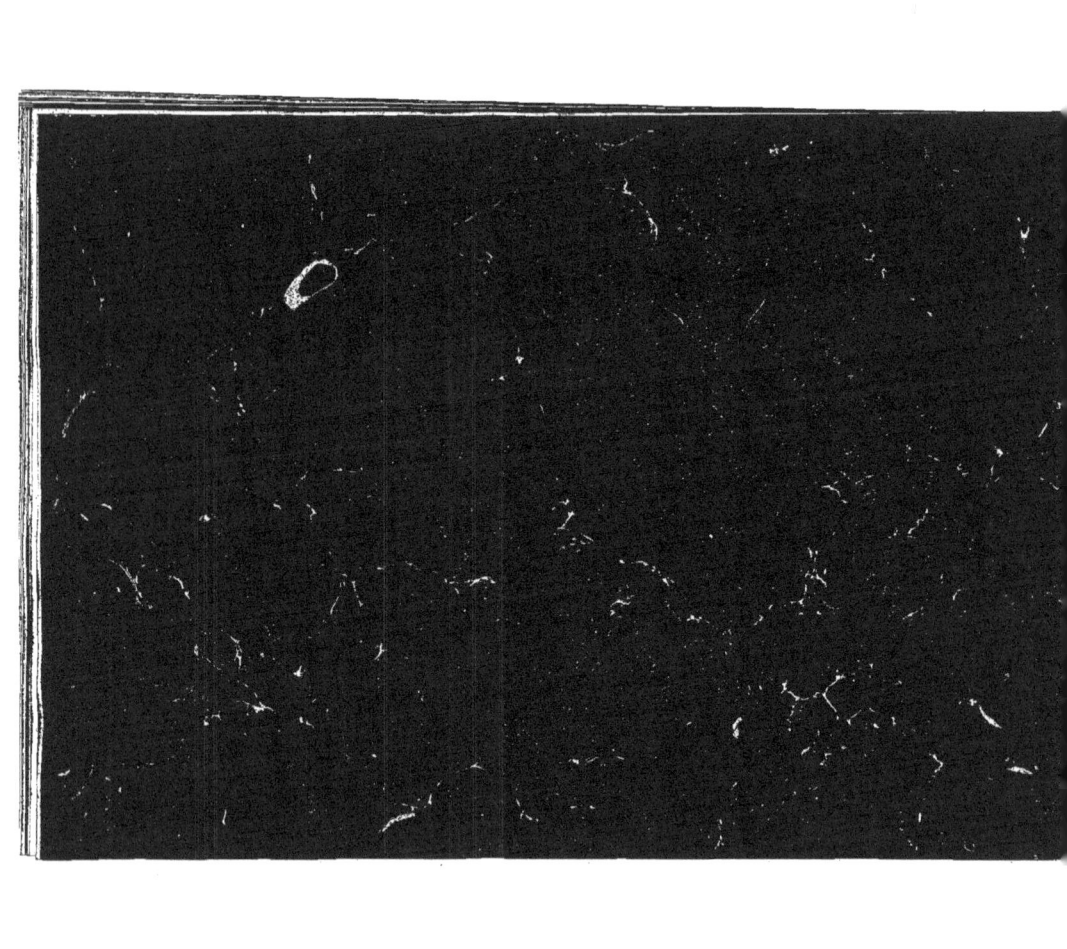

www.ingramcontent.com/pod-product-compliance
Lightning Source LLC
Chambersburg PA
CBHW070251230526

45470CB00002B/572